Bremerhaven
Die Stadt am Meer

EDITION TEMMEN REISEFÜHRER

W0054738

Bremerhaven

Die Stadt am Meer

von Lutz Liffers

EDITION TEMMEN

Land und Leute

Geschichte

Unterwegs

Typisch Fischtown

Von A bis Z

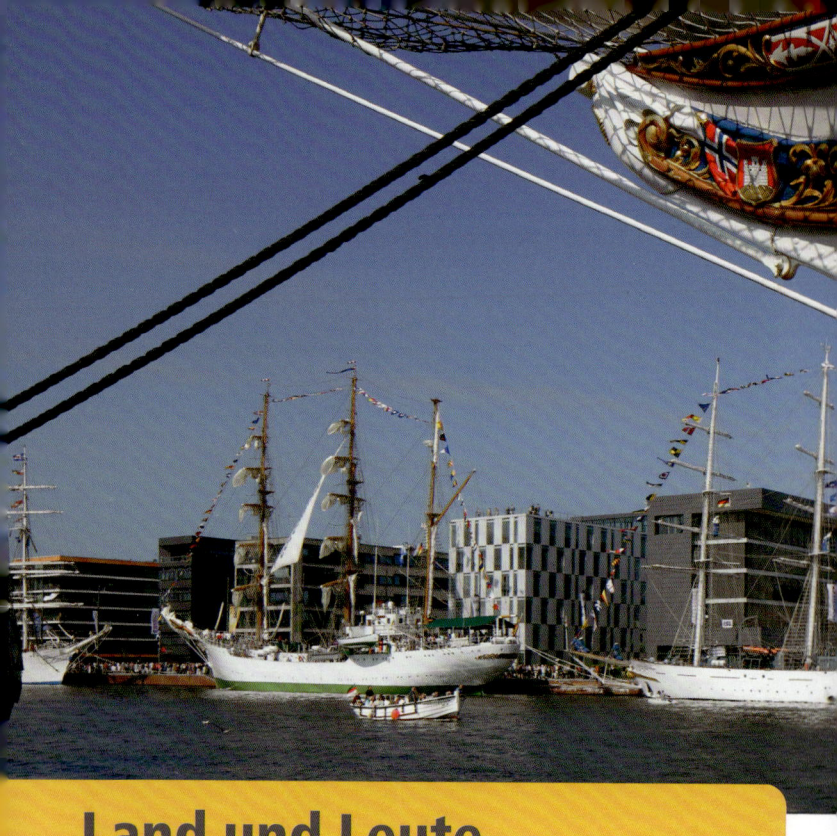

Land und Leute

Bremerhaven – Stadt am Meer
Maritimes Großereignis:
    SAIL Bremerhaven

Bremerhaven – Stadt am Meer

Vergessen Sie alle Klischees vom unterkühlten schweigsamen Nordlicht In Bremerhaven finden Sie Herzlichkeit, Hilfsbereitschaft und Menschen, die Ihnen gerne und stolz von ihrer Heimatstadt an der Küste erzählen. Zu dieser offenen Atmosphäre, die Sie spätestens bei einem kleinen Rundgang durch maritime Kneipen in den Stadtvierteln Bremerhavens erleben können, tragen nicht unwesentlich diejenigen Bremerhavener bei, die in der Vergangenheit aus dem Oldenburgischen, Friesischen, dem Cuxhavener Land, aus Polen, USA, Sardinien, Portugal, Spanien, Griechenland, Türkei und vielen anderen Teilen der Erde eingewandert sind. Bremerhaven ist eine echte Seehafenstadt, und dieses internationale Flair ist immer noch spürbar.

Ursprünglich verdankt Bremerhaven seine Existenz der Not der Bremer Kaufleute. Im 19. Jahrhundert war die Weser so stark versandet, dass die Hochseeflotte der Bremer die 60 km stromaufwärts liegende Hansestadt nicht mehr erreichen konnte. So fasste der damalige **Bürgermeister Johann Smidt** einen kühnen Plan: 1827 erwarben die Bremer vom Königreich Hannover ein Stück Land an der Geestemündung und bauten einen künstlichen Überseehafen. Das war die Geburtsstunde der Stadt Bremerhaven.

Heute ist aus dieser »Notlösung« einer der sehenswertesten Orte an der deutschen Nordseeküste geworden. Die historischen **Hafenbecken** und zahlreichen Museen erlauben einen Blick in die Vergangenheit der Stadt, während ein Besuch des **Container-Terminals** die globalisierte Wirtschaft der Gegenwart vor Augen führt. Überall in Bremerhaven ist maritime Geschichte, Gegenwart und Zukunft präsent: Über 250 große Windjammer wurden hier gebaut, und mehr als sieben Millionen **Auswanderer** brachen von Bremerhaven in die neue Welt auf.

Bremerhaven beherbergte einst die größte deutsche **Hochseefischfangflotte**; heute ist hier Europas größter Hersteller für tiefgekühlte Lebensmittel ansässig. Der Hafen ist ein international führender **Umschlagplatz** für Kraftfahrzeuge aller Art, und in einem der modernsten Überseehäfen der Welt wickelt Bremerhaven einen bedeutenden Anteil des europäischen Containerverkehrs ab.

Im renommierten **Alfred-Wegener-Institut** arbeiten die Besten der Besten in der weltweiten Klimaforschung – nicht zuletzt auch deshalb wurde Bremerhaven im Jahre 2005 vom Stifterverband für die Deutsche Wissenschaft gemeinsam mit Bremen zur »Stadt der Wissenschaft« gekürt.

Bremen und Bremerhaven – die ungleichen Geschwister – bilden gemeinsam das kleinste deutsche Bundesland Bremen. Das Verhältnis zwischen den beiden Städten ist nicht immer unkompliziert. Die Bremerhavener wollen kein Vorort von Bremen sein, sondern verweisen mit Recht auf ihre eigene Geschichte und das große wirtschaftliche Potenzial ihrer Stadt.

Mit etwa 113.000 Einwohnern ist Bremerhaven wirtschaftlich und kulturell unbestritten das Oberzentrum im Nordsee-Elbe-Weser-Dreieck. In Bremerhaven ist aber auch eine Kommune im **Strukturwandel** zu besichtigen. Tausende von Arbeitsplätzen sind mit der niedergehenden Fischfangindustrie und dem Wandel in der Hafenwirtschaft verloren gegangen. Zum Höhepunkt der Krise 1998 waren in der Stadt über 22 % erwerbslos.

Blick auf das Herzstück Bremerhavens während der SAIL: Alter und Neuer Hafen, Klimahaus und das Hotel- und Bürogebäude SAIL City

Maritimes Großereignis: SAIL Bremerhaven

Über 250 Windjammer wurden in Bremerhaven gebaut, einige von ihnen, wie z.B. die Viermast-Bark »Krusenstern« (ehemals »Padua«) oder die Bark »Statsraad Lehmkuhl« (ehemals »Großherzog Friedrich August«), segeln heute noch über die Weltmeere. Andere liegen als Museumsschiffe in internationalen Häfen. Bremerhaven pflegt diese maritime Tradition mit seinen Museen, Traditionsschiffen und vor allem mit der SAIL Bremerhaven, dem Internationalen Festival der Windjammer. Alle fünf Jahre wird Bremerhaven zum Treffpunkt Hunderttausender begeisterter Fans aus aller Welt, die auf den Schiffen und an

Die SAIL ist internationaler Treffpunkt für die »Königinnen der Meere«.

Land das einmalige Schauspiel genießen. Um die Wartezeit auf das maritime Großereignis zu verkürzen, werden jährlich die maritimen Tage veranstaltet. Dazu gibt es rund um die Havenwelten ein buntes Programm, reichlich Schiffe zum Anschauen und Anfassen sowie Konzerte, Kleinkunst und natürlich ein umfangreiches gastronomisches Angebot.

Wer heute zwischen Strandhalle und Schaufenster Fischereihafen flaniert, erlebt eine **Stadt im Aufbruch**: Moderne Museen, spannende Architektur, exzellente Wissenschaft – das sind die Eckpfeiler des Umbruchs. Viele Kreuzfahrtschiffe legen in Bremerhaven an, und Tausende von Hobbyforschern aus Übersee wollen im Auswandererhaus mehr über ihre Wurzeln erfahren.

Doch neben all diesen Attraktionen ist der Hauptanziehungspunkt immer noch die Weser, die sich bei Bremerhaven zur Nordsee öffnet. Hier riecht es nach See und Freiheit und der Himmel wird weit. Auf dem Deich ist diese schönste Attraktion der Stadt am besten zu erleben. Wind ist immer da, im Juli und August steigen die Temperaturen auch auf über 25°C. Das Wetter an der Küste ist bekanntlich veränderlich. Doch immer wieder bricht der Himmel auf und das grandiose Schauspiel weißer Wolkentürme über dem breiten Strom entschädigt für manchen Regenguss.

Geschichte einer unge-
wöhnlichen Hafenstadt

Ein neuer Hafen für Bremen
Vorort von New York
Krieg, Besetzung und Wiederaufbau
Strukturwandel und »Stadt der Wissenschaft«

Ein neuer Hafen für Bremen

Die Gründung Bremerhavens steht in direktem Zusammenhang mit der zunehmenden Versandung der Weser, die die Seeschiffe zwang, auf der Höhe von Brake zu ankern und die Waren in Weserkähne zu leichtern, die flussaufwärts nach Bremen fuhren. Um den Anschluss Bremens an den Welthandel zu sichern, fasste Bürgermeister Johann Smidt um 1825 den Plan, von Hannover Land zum Bau eines Hafens zu erwerben. Er führte Geheimverhandlungen mit hannoverschen Beamten und konnte schließlich 1827 an der Geestemündung 200 Morgen Land kaufen – der Grundstein für die spätere Stadtentwicklung.

Nach Plänen und unter Leitung des renommierten holländischen Wasserbauingenieurs Jacobus Johannes van Ronzelen wurde in drei Jahren das 750 m lange und knapp 60 m breite künstliche Hafenbecken gebaut, eine Schleuse mit Vorhafen stellte die Verbindung zur Weser her. Zeitweilig waren bis zu 900 Arbeiter auf der Großbaustelle beschäftigt, die im schweren Kleiboden das Hafenbecken von Hand ausschachten mussten. Der Tageslohn hing von der Menge des bewältigten Abraums ab, die meisten Arbeiter erreichten nicht mehr als 20 bis 30 Grote am Tag, was ein Einkommen an der Armutsgrenze bedeutete. Auch hausten die meisten der Tagelöhner in Massenunterkünften aus Schilf und mussten von ihrem gerin-

Die Hafenbau-Commission berichtet im Jahre 1828:

»Als am 1. Juny v.J. die Arbeit am Bremerhaven ihren Anfang nahm und zu dem Ende von den Unternehmen die Werbetrommel gerührt war, zogen aus nahen und entfernten Gegenden die Arbeiter in Maßen heran, so daß sich deren Zahl bald auf 2–500 belief. Ein Theil derselben schlägt sich nomadenartig von den zu dem Ende von den Unternehmen herbeygeschafften Material Schilfhütten für 12–25 Personen auf der grünen an den Arbeitsplatz gränzenden Wiese auf, ein anderer Theil dem diese Hottentotten Wirtschaft verdünken mochte suchte und fand ein Unterkommen in den zunächst gelegenen Ortschaften Lehe, Geestendorf, Schiffdorf usw. wo er sich bei dortigen Einwohnern in Logis und Kost gab und dann täglich sich zur Arbeit am Haven einstellte. Schon nach wenigen Wochen fanden sich indeß unter dieser Maße von Menschen Fieber und andere Krankheiten ein.«

Der Alte Hafen um 1845

gen Lohn zusätzlich noch Lebensmittel kaufen – zu stark überhöhten Preisen. Trinkwasser war knapp und die hygienischen Verhältnisse insgesamt katastrophal. Viele Arbeiter erkrankten an einer Art Malaria, und erst als die Verhältnisse auf der **Großbaustelle** zum öffentlichen Skandal zu werden drohten, richteten die holländischen Bauunternehmer eine Hospitalhütte ein.

Die nach damaligen technischen Maßstäben aufwendigen Arbeiten erregten auch im übrigen Deutschland Interesse. Selbst der damals 80-jährige Johann Wolfgang von Goethe beschäftigte sich 1829 eingehend mit dem Bauvorhaben der Bremer.

In den »Gesprächen mit Eckermann« unter dem Datum des 10. Februar 1829 liest man den Eintrag: »Ich fand Goe-

Der Neue Hafen von der Schleuse aus gesehen, Postkarte von 1900

the umringt von Karten und Plänen in Bezug auf den Bremer Hafenbau, für welch großartige Unternehmung er ein besonderes Interesse zeigte.« Ob sich dann sein Interesse auch literarisch niederschlug, ist heute umstritten. Sicher ist nur eins: Im kleinsten Bundesland hätte man es sehr gerne, wenn beim Schreiben des Faust-Finales Bremerhaven vor Goethes innerem Auge als Ort der Handlung gestanden hätte:

> Ein Sumpf zieht am Gebirge hin,
> Verpestet alles schon Errungene;
> Den faulen Pfuhl auch abzuziehn,
> Das letzte wär das Höchsterrungene.
> Eröff'n ich Räume viele Millionen,
> Nicht sicher zwar, doch tätig – frei zu wohnen.
> (…)
> Da rase draußen Flut bis auf zum Rand,
> Und wie sie nascht, gewaltsam einzuschießen,
> Gemeindrang eilt, die Lücke zu verschließen.
> Ja, diesem Sinne bin ich ganz ergeben,
> Das ist der Weisheit letzter Schluß:
> Nur der verdient sich Freiheit wie das Leben,
> Der täglich sie erobern muß.

Nach seiner Fertigstellung wurde der **Neue Hafen** sofort zu einer Erfolgsgeschichte für die Bremer Reeder und Kaufleute und zur Drehscheibe des Auswandererverkehrs. Zeitweise war das Hafenbecken derart überfüllt, dass Schiffe an Dalben anlanden und die Waren über Stege und Ladebäume an Land gebracht werden mussten. Über viele Jahrzehnte wurde mit Handkurbelkränen gearbeitet; ein Exemplar von 1875 war lange Zeit im Alten Hafen zu besichtigen, fiel jedoch 2020 den Rückbauarbeiten im Zuge der Havarie der »Seute Deern« zum Opfer.

Der Erfolg Bremerhavens rief die Konkurrenz auf den Plan. Am südlichen Geesteufer gründete das Königreich Hannover 1845/47 den Hafenort **Geestemünde** mit modernen Dock- und Hafenanlagen und Eisenbahnanschluss. Während Bremerhaven vor allem durch die Auswanderung boomte, entwickelte sich an beiden Ufern der Geeste ein Industrie- und Werftenstandort mit Maschinenfabriken, Zuliefererbetrieben, Werften, Umschlagplätzen für Holz, Reis und Petroleum, und ab den 1880er Jahren begann hier die Hochseefischerei. Schritt für Schritt

Hunderte Auswanderer warteten täglich auf ihre Einschiffung.

wuchsen beide Siedlungsgebiete zusammen, sodass bis in die 1930er Jahre ein einziges, wirtschaftlich starkes städtisches Gebiet entstand, das unter amerikanischer Besatzung als Bremerhaven später Teil des Bundeslandes Bremen wurde.

Vorort von New York

Hätte man vor 150 Jahren in den kleinen Dörfern des fernen polnischen Galizien den Namen Bremerhaven fallen lassen, die Augen manches Bauern hätten geleuchtet. Bremerhaven war das verheißungsvolle Ziel derer, die Armut, politischem Despotismus und Hoffnungslosigkeit den Rücken kehren wollten, um in der Neuen Welt ein neues Leben zu beginnen. »Vorort von New York« nannten die **Auswanderer** Bremerhaven, stachen doch von hier viele Auswandererschiffe mit den

»Europamüden« in See. Schon seit der amerikanischen Unabhängigkeitserklärung 1776 war Bremen zum Ziel Zehntausender Auswanderer aus ganz Europa geworden. Im 19. Jahrhundert führte der Umbruch von der Agrar- zur Industriegesellschaft zu einer großen Auswanderungswelle. Zwischen 1821 und 1914 verließen über 44 Mio. Menschen ihre Heimat, davon über 7 Mio. über Bremerhaven. Damit war die Stadt noch vor Hamburg der größte europäische Auswandererhafen – und die Häfen wurden ab 1875 stetig erweitert.

Die Auswanderung wurde in Bremen zu einem der mächtigsten **Wirtschaftsimpulse** Mitte des 19. Jahrhunderts. Der Bremer Unternehmer Friedrich Mißler modernisierte das Auswanderergeschäft und konnte mit Anwerbebüros in ganz Europa den Löwenanteil des Geschäftes nach Bremen und Bremerhaven holen. Die Auswanderung über Bremerhaven galt bald als besonders sicher und preisgünstig, wenn auch die Ärmsten der Armen im überfüllten Zwischendeck manchen Fluch auf den erfolgreichen Auswandererunternehmer ausgestoßen haben mögen, angesichts der strapaziösen und oft entbehrungsreichen Reisebedingungen.

Auch der Bremer **Norddeutsche Lloyd**, der mit seiner modernen Flotte die Passagen nach Übersee besorgte, profitierte vom Strom der »Europamüden« in die Neue Welt. Er wurde neben der Hamburger HAPAG durch das Auswanderergeschäft zu einer der mächtigsten deutschen Reedereien.

Zum Weiterlesen

Rolf Schmidt: Der Auszug – Von der Weser zum Missouri, Isensee Verlag. Abenteuerliche Geschichte einer Auswanderergruppe aus Gießen, die 1834 in der Nähe Bremerhavens strandete und dort eine Republik gründete, bevor sie weiter nach Missouri reisen konnte.

Krieg, Besetzung und Wiederaufbau

Bereits 1931 zogen neun Vertreter der NSDAP in die Bremerhavener Stadtverordnetenversammlung ein. Im Parlament der Stadt konnte nun die NSDAP gegen den liberalen Oberbürgermeister Waldemar Becké hetzen. Als 1933 in Berlin die Macht an Hitler übergeben wurde, setzte der Bremerhavener Kreisleiter der NSDAP Oberbürgermeister Becké gegen geltendes Recht ab und sich selbst ins Amt. Damit begann auch der offene Terror gegen die politische Opposition. Viele Gegner der NSDAP wurden im provisorischen Konzentrationslager im ehemaligen preußischen Fort auf der Weserinsel Langlütjen inhaftiert.

Besonders brutal wurden die Bremerhavener Juden verfolgt. In der Nacht vom 9. auf den 10. November 1938 wurde die Synagoge in Geestemünde zerstört. Im Zuge der syste-

Wartehalle des Norddeutschen Lloyd, Postkarte von 1908

15

matischen Verfolgung wurden 300 Bremerhavener Juden in das KZ Minsk deportiert, nur drei der Deportierten überlebten.

Als kriegswichtiger Rüstungs- und Hafenstandort wurde Bremerhaven im Krieg zunehmend Ziel alliierter Luftangriffe. Am 18. September 1944 zerstörten 206 Bomber der Royal Air Force innerhalb von zwanzig Minuten den gesamten historischen Stadtkern mit Bürger- und Stadthäusern des 19. Jahrhunderts.

Am 7. Mai 1945 war der Krieg in Bremerhaven beendet. Bremen und Bremerhaven wurden amerikanische Besatzungszone, über den Hafen wurden fortan die amerikanischen Truppen in Süddeutschland versorgt.

In den 1950er und 1960er Jahren wurde Bremerhaven neu errichtet und erhielt ein völlig neues Gesicht. Nur wenige historische Gebäude hatten den Krieg überstanden. Wirtschaftlich boomten Hafen, Werftenindustrie und die Hochseeflotte, die zu den bedeutendsten Hochseeflotten an der Nordsee zählte.

Doch schon in den 1960er Jahren setzte der Strukturwandel ein. Immer weniger Fischtrawler liefen aus, der transatlantische Passagierverkehr versiegte, und statt Stückgut kamen immer mehr Container aus Übersee.

Strukturwandel und »Stadt der Wissenschaft«

Wer mit offenen Augen durch die Stadt an der Unterweser geht, spürt es sofort: Bremerhaven ist eine Stadt der Widersprüche. Die rasante Erosion der Werftenindustrie und der Fischereiwirtschaft seit Mitte der 1980er Jahre hat die Kommune in enorme Schwierigkeiten gebracht. Mit etwa 13 % Erwerbslosigkeit rangiert Bremerhaven immer noch auf einem Spitzenplatz.

Columbuskaje und -bahnhof 1955

Das Ende einer stolzen Flotte

Noch in den 1960er Jahren besaß Bremerhaven eine der größten Fischfangflotten im Atlantik. Um die 130 Trawler mit dem Kennbuchstaben BX (für Bremerhaven) befuhren vornehmlich die Fanggründe vor Island. Mit der Ausweitung der Fischereizone auf 200 Seemeilen (1975) gingen die Fanggebiete für deutsche Trawler verloren. Heute sind nur noch eine Handvoll Hochseekutter und sogenannte Euro-Trawler unter Bremerhavener Flagge unterwegs. Dennoch gehört Fisch nach wie vor zu einem der wichtigsten Wirtschaftszweige Bremerhavens, allerdings liegt der Schwerpunkt in der Fischverarbeitung. Insbesondere im Tiefkühlbereich ist Bremerhaven ein führender deutscher Standort. Allein rund 2,7 Milliarden Fischstäbchen pro Jahr werden in der Seestadt jährlich produziert.

Vertrauter Anblick in den 50er Jahren: Fischdampfer läuft zur Fangfahrt aus.

Trotz boomender **Hafenwirtschaft** ist immer weniger Arbeit da, viele haben der Stadt den Rücken gekehrt — um 10 % ist die Bevölkerung in den letzten Jahren geschrumpft.

Gleichzeitig baut die Stadt mit enormen Investitionen ein neues Profil auf und verzeichnet gute Zuwächse im **touristischen Bereich**. Mit dem renommierten Alfred-Wegener-Institut für Polar- und Meeresforschung und der Ansiedlung neuer Technologiefirmen, wie etwa aus dem Bereich Windkraft, ist Bremerhaven heute ein wichtiger **Wissenschaftsstandort** geworden und hat mit Bremen als erste deutsche Stadt im Jahr 2005 den Titel »Stadt der Wissenschaft« errungen.

Bremerhaven war einst führender Standort der **Windenergiebranche**. Doch inzwischen haben fast alle großen Firmen den Standort verlassen oder mussten Insolvenz anmelden. Vor allem als vor der deutschen Küste die ersten Offshore-Windparks entstanden, boomte die Branche. Bremerhaven sollte zum europäischen Zentrum der Windenergiebranche ausgebaut werden. 2010 präsentierte das Land Bremen Pläne für den Ausbau eines Offshore-Terminals, der 2016 fertig sein sollte.

Weil die Große Koalition in ihrem Schlingerkurs zur Energiewende 2014 den Ausbau der Windparks drosselte, und auch weil die Unternehmen selbst Fehler machten, war jedoch bald der

Preisgekrönt: Das Klimahaus® Bremerhaven

Bau des Offshore-Terminals umstritten (und ist inzwischen Geschichte), und immer mehr Windenergie-Firmen in Bremerhaven machten Pleite. Nachdem 2019 auch der Platzhirsch Senvion Insolvenz anmelden musste, arbeitet die Wirtschaftsförderung an neuen Konzepten für die Windenergie am Wirtschaftsstandort Bremerhaven.

Als **Museums- und Kulturstandort** gewinnt Bremerhaven dafür stetig an Gewicht. Jüngster Meilenstein auf diesem Weg ist die Verleihung des »Climate Smart Award« 2020 für das Klimahaus® Bremerhaven. Dieser Preis ehrt außergewöhnliche Angebote aus verschiedenen Kulturbereichen weltweit und gilt als »Oscar« für Museen.

Zukunftslabor Bremerhaven

Bereits 2005 wurden Bremerhaven und Bremen gemeinsam zur **»Stadt der Wissenschaft«** in Deutschland gekürt und stellten damit nachhaltig unter Beweis, dass im hohen Norden Wissenschaft und Technologieentwicklung auf höchstem Niveau betrieben werden. Diese Auszeichnung verdankte der Stadtstaat einem einzigartigen **Forschungscluster**, das rund um das Meeresforschungsinstitut MARUM der Universität Bremen und das in Bremerhaven ansässige Alfred-Wegener-Institut, Helmholtz-Zentrum für Polar- und Meeresforschung (AWI), aufgebaut wurde. Internationale Spitzenforscherinnen und Spitzenforscher von MARUM und AWI arbeiten interdisziplinär mit dem Max-Planck-Institut für Marine Mikrobiologie, der Jacobs University Bremen und dem Leibniz-Zentrum für Marine Tropenforschung zusammen.

Das 1980 gegründete **Alfred-Wegener-Institut** gehört schon seit langem zu den weltweit führenden Forschungsinstituten, die sich mit dem Klimawandel beschäftigen. Die Polargebiete spielen eine zentrale Rolle im globalen Klimageschehen, ihre Erforschung trägt deshalb entscheidend dazu bei, die komplexen Zusammenhänge im »System Erde« aufzudecken.

Die Klima-Wissenschaftler des Alfred-Wegener-Instituts untersuchen die physikalischen und chemischen Vorgänge im System Ozean-Eis-Atmosphäre und ihre Bedeutung für die weltweite Klimaentwicklung. Die Forschungsergebnisse liefern zentrale Mosaiksteine, um das globale Gesamtbild und die entscheidenden Prozesse im Klimageschehen zu verstehen und zu entschlüsseln. Hierzu arbeiten Klimawissenschaftler eng zusammen mit Bio- und Geowissenschaftlern – seit 2017 unter der Leitung von Direktorin Antje Boetius.

Das AWI betreibt Dependancen in List auf Sylt (Wattenmeerstation), auf Helgoland (Biologische Anstalt) und in Potsdam, hinzu kommen permanente Stationen in Arktis und Antarktis; am bekanntesten dürfte die nach dem deutschen Geophysiker Georg von Neumayer benannte **Neumayer-Station** im Schelfeis der Antarktis sein.

Mehrere Forschungsschiffe unter der Flagge des AWI befahren regelmäßig die sieben Weltmeere. Flaggschiff der Flotte ist der **Eisbrecher »Polarstern«**, mit dem Wissenschaftler des Instituts gemeinsam mit Expeditionsteilnehmern aus der ganzen Welt Forschungsfahrten unternehmen. Was aktuell auf der »Polarstern« bzw. während der Forschungsreise passiert, erfährt man in einer Live-App unter **follow-polarstern.awi.de**.

Blick vom Weser-Strandbad auf die Havenwelten und den Weserdeich. In der Ferne zeichnet sich die Stromkaje ab.

Unterwegs

1. Unterwegs durch die Havenwelten

Unser Spaziergang beginnt am Neuen Hafen. Direkt am Lloyd-Platz liegt hier mit der **»Schulschiff Deutschland« (1)** das letzte deutsche Vollschiff. Der Rahsegler diente nach seinem Stapellauf in Geestemünde 1927 als Segelschulschiff, zunächst mit Ausbildungsfahrten nach Übersee, später stationär, bis der Ausbildungsbetrieb 1972 endgültig eingestellt wurde.

Seit 2021 liegt der 86 m lange Dreimaster in Bremerhaven und bietet mit seinen originellen Schlafkojen ein ganz besonderes Hotelerlebnis. Gemeinsam mit dem Standesamt werden an Bord auch Trauungen angeboten, und für Feierlichkeiten können hier Räume angemietet werden. Das Schiff kann im Rahmen einer Führung oder auf eigene Faust besichtigt werden.

Schulschiff Deutschland
Barkhausenstr. 4, Tel. 0471-30055597, www. schulschiff-deutschland.de; Öffnungszeiten: täglich März– Okt. 10 – 18 Uhr, Nov.– Feb. 10 – 17 Uhr; freitags und samstags ggf. für Trauungen stundenweise gesperrt.

Mitte/Zentrum

1	»Schulschiff Deutschland«	9	Seebäderkaje
2	Dt. Auswandererhaus	10	Auswandererdenkmal
3	Klappbrücken	11	»Minarett«
4	Aussichtsplattform SAIL City	12	Zoo am Meer
5	Klimahaus®	13	Simon-Loschen-Leuchtturm
6	Mein Outlet Shopping-Center	14	Schleusengarten
7	Gläserne Drehbrücke	15	Semaphor
8	Strandhalle	16	Pingelturm
		17	Kaiserschleuse

Migration gestern und heute: Das Deutsche Auswandererhaus

Der Neue Hafen entstand Mitte des 19. Jahrhunderts, um dem rasant wachsenden Bedarf der Bremer Reeder und Kaufleute gerecht zu werden. Die neue, größere Kaje wurde schnell zum Ausgangspunkt für immer mehr Auswanderer, die über Bremerhaven in die Neue Welt emigrieren wollten. An diesem historischen Ort entstand 2005 das **Deutsche Auswandererhaus (DAH) (2)**, eine einzigartige Mischung aus Erlebnismuseum und Forschungsstätte. Das DAH erhielt bereits viele Auszeichnungen, darunter 2007 den begehrten »European Museum of The Year Award«.

Schon an der Kasse beginnt eine abenteuerliche Reise, denn jeder Besucher erhält mit dem Ticket eine »icard« mit dem Namen einer tatsächlich ausgewanderten Person. In dem Museum kann man sich dann auf den Spuren dieses Auswanderers bewegen und die jeweiligen historischen und sozialen Umstände der Reise nachvollziehen.

Der **Rundgang durch die Ausstellung** beginnt vor der eindrucksvollen übergroßen Bordwand eines Auswandererschiffes, die eine besondere Stimmung von Abschied und Verlust, Hoffnung und Aufbruch der Migranten vermittelt. Unterwegs gibt es detaillierte und spannend aufbereitete personenbezogene und sozialgeschichtliche Informationen zu den Beweggründen für die Auswanderung, den Reisebedingungen auf der Überfahrt und der Lebenswirklichkeit im Ankunftsland, beispielsweise in den USA. Beim Schnelltest der US-Einwanderungsbehörde auf **Ellis Island** ist schon mancher Tourist gescheitert und wurde – natürlich nur virtuell – zurück nach Europa geschickt. Für die »kleinen Besucher« gibt es u. a. ein Kinderquiz, mit dem sie die Ausstellung eigenständig entdecken können.

Ein im Juni 2021 eröffneter Neubau, der eine Erweiterung des DAH aus dem Jahre 2012 baulich und thematisch weiterdenkt, befasst sich mit 330 Jahren **Einwanderungsgeschichte** nach Deutschland. Er schließt an Themen aus dem auswanderungsbezogenen Teil der Ausstellung an, wie etwa den Arbeitsalltag und soziale Bedingungen für Einwanderer, um auf dieser Grundlage die zentrale Frage nach der Gestal-

25

tung des Zusammenlebens im Einwanderungsland Deutschland zu stellen. Erzählt wird von gesellschaftlichen und politischen Auseinandersetzungen seit Gründung der Bundesrepublik ebenso wie von persönlichen, realen Schicksalen. Die Besucher erfahren hier von vier historischen Debatten, die bis heute die Lebensrealität in Deutschland mitprägen, und können die Lebensgeschichten und persönliche Erinnerungsstücke von Einwanderern seit der Fluchtbewegung der Hugenotten um 1685 entdecken.

Das DAH versteht sich aber auch als Ort der **Migrationsforschung**. Über Terminals in der »Familienrecherche« kann man in verschiedenen Datenbanken nach ausgewanderten Familienmitgliedern forschen, und über die in der gesamten Ausstellung vorhandenen »Critical Thinking Stations« kann sich der Besucher an zur jeweils behandelten Materie passenden Abstimmungen beteiligen. Sie laden dazu ein, neue Perspektiven einzunehmen und eigene Fragen an das Thema »Migration« zu entwickeln. Sonderausstellungen informieren zudem regelmäßig über aktuelle Forschung zu Geschichte und Gegenwart von Migration, und die 2021 eröffnete Academy of Comparative Migration Studies (ACOMIS) bietet Raum für Workshops zu aktuellen Themen wie Alltagsrassismus, dem Erbe des Kolonialismus oder internationalen Migrationsbewegungen.

Deutsches Auswandererhaus
Columbusstr. 65, Tel. 0471-902200,
www.dah-bremerhaven.de;
Öffnungszeiten: täglich März–Okt.
10–18 Uhr, Nov.–Feb. 10–17 Uhr.

Nachgebaut: die »Ubena von Bremen«

Schon 20 Jahre nach der Gründung Bremerhavens war der Alte Hafen zu klein geworden, und so entstand hier von 1847 bis 1852 etwas weiter nördlich unter Leitung des niederländischen Wasserbauingenieurs **Jacobus Johannes van Ronzelen** das 480 m lange und 90 m breite Becken des Neuen Hafens. Es war nur durch eine Schleuse erreichbar und damit unabhängig vom Wasserstand der Weser. Nach Verbindung des Neuen Hafens mit dem Kaiserhafen I wurde die Schleuse 1944 zugeschüttet.

Mit dem Bau einer 50 m langen und 14 m breiten modernen Kammerschleuse, der **Schleuse Neuer Hafen**, wurde 2005 die direkte Verbindung zur Weser wiederhergestellt und das historische Hafenbecken für eine moderne Nutzung erschlossen. Heute ist der Neue Hafen ein touristischer Magnet mit Sportbooten, Yachten, den Anlegestegen der Weser-Hafenrundfahrten und einer einladenden Promenade.

Der Neue Hafen dient auch zahlreichen Traditionsschiffen als Liegeplatz, wie etwa der **»Ubena von Bremen«**, dem originalgetreuen Nachbau einer Hansekogge, oder dem 1938 erbauten **Eisbrecher »Wal«**, der mit einer Dreifach-Expansions-Dampfmaschine angetrieben als Eisbrecher auf dem Nord-Ostsee-Kanal diente. Das Schiff wird von einem Trägerverein unterhalten und ist sowohl auf kurzen als auch auf längeren Törns häufig unterwegs.

Nicht nur im Neuen Hafen, sondern teilweise auch auf See anzutreffen sind auch der Hochseekutter **»Astarte«** (Holzsegler von 1903) oder das **»Börteboot No. 3«**, ein spezieller Schiffstyp, der als Zubringer für die vor Helgoland ankernden Seebäderschiffe eingesetzt wurde. Beide Schiffe gehören der Schiffergilde Bremerhaven e. V., die insgesamt 18 historische Schiffe im Neuen Hafen liebevoll pflegt. Die Schiffergilde unterhält im Südteil des Neuen Hafens auch eine kleine **»Gläserne Werft«**. Hier kann man dabei zusehen, wie Spanten, Decksbalken, Planken und Deck zusammengefügt und Reparaturen an alten Holzbooten vorgenommen werden.

Informationen zur »Gläsernen Werft«, dem Finkenwerder Fischkutter HF 244 »Astarte« und dem »Börteboot No. 3« erhalten Sie bei der **Schiffergilde Bremerhaven e. V.**, Barkhausenstr. 4, Tel. 0471-1429726, www.schiffergilde.de.

Die Traditionsschiffe liegen im Südteil des Neuen Hafens.

Informationen über den Dampfeisbrecher »Wal« und die Barkasse MS »Quarantäne« erhalten Sie bei der **Schiffahrts-Compagnie Bremerhaven e. V.**, Barkhausenstr. 4, Tel. 0471-9269110, www.schiffahrts-compagnie.de.

Informationen zur Hansekogge »Ubena von Bremen« erhalten Sie von der **Hanse-Kogge-Werft e. V.**, Alter Fährweg 8, Tel. 0471-46846, www.hanse-koggewerft.de.

Am Südende des Neuen Hafens befindet sich die Bremerhavener **Tourist-Info Hafeninsel** in einem um 1880 gebauten ehemaligen Proviantlager des **Norddeutschen Lloyd** (NDL). Es diente der Versorgung der großen NDL-Flotte, die vor allem im transatlantischen Auswandererverkehr tätig und Hauptnutzer des Neuen Hafens war. Als

Hafenrundfahrt

Die Barkassen »Lady Sunshine« und »Hein Mück« der Reederei HaRuFa starten mehrmals täglich bei (fast) jedem Wetter vom Anleger am Südende des Neuen Hafens. Die knapp einstündige Fahrt führt zunächst durch den Neuen Hafen und die Kaiserhäfen I, II und III, dann weiter durch den Verbindungshafen und schließlich in das Wendebecken der riesigen Autotransporter. Frachtschiffe, Schlepper, Schwimmkräne und Werften sind zum Greifen nahe, und der hafenseitige Blick auf die Stromkaje ist einzigartig! **HaRuFa Ticketcenter** H.-H.-Meier-Str. 4, Tel. 0471-415850, www.hafenrundfahrt-bremerhaven.de.

Perspektivenwechsel: Columbus Center und Alter Hafen spiegeln sich in der Fensterfront des Deutschen Schifffahrtsmuseums.

der NDL seinen Betrieb in den Kaiserhafen verlagerte, übernahm die Deutsche Betriebsgesellschaft für drahtlose Telegraphie (DEBEG) das Backsteingebäude und blieb dort bis 1970. Heute ist mit der weltweiten Ablösung des Funkdienstes durch den Satellitenfunk die DEBEG selbst Geschichte geworden.

Auf der Aussichtsplattform SAIL City

Tourist-Info Hafeninsel

H.-H.-Meier-Str. 6, Tel. 0471-80936120, TouristTel. 0471-414141, www.bremerhaven-tourism.de; zentrale Anlauf- und Informationsstelle für Bremerhaven und das Umland: Tickets, Kartenvorverkauf, Souvenirs, Unterkunftsvermittlung, täglich 9.30 – 17.00 Uhr.

Zwischen der Tourist-Information Hafeninsel und dem Deutschen Auswandererhaus befinden sich zwei historische elektrisch betriebene **Klappbrücken (3)** von 1928 mit zugehörigen Motorhäusern und einem markanten Brückenturm im Stil des Backstein-Expressionismus. Sie überspannen den Ende der 1920er Jahre geschaffene Verbindungskanal zwischen Altem und Neuem Hafen, der mit Einstellung der Schleuse vom Alten Hafen zur Geestemündung notwendig geworden war. Die schmalere Brücke diente dem Eisenbahnverkehr, die breite dem Straßenverkehr. Heute ist das Ensemble denkmalgeschützt, 1980 wurde es grundlegend saniert.

Havenwelten Highlights

Von der Tourist-Info Hafeninsel überblickt man die eindrucksvolle Kulisse der Havenwelten. Zur Linken liegt das heute schon historisch anmutende **Columbus Center**. 1978 stellte es mit seinen drei Hochhäusern und 555 Appartements, Einkaufsmeile mit Gastronomie, Polizeiwache und Sozialeinrichtungen ein Monument des Fortschrittsoptimismus dar.

Von hier blickt man weit auf die Nordsee und auf ein Wahrzeichen der Stadt: den 147 m hohen **Turm des Atlantic Hotels SAIL City (4)**. Wie ein geblähtes Segel stülpt sich die Außenfassade des spektakulären Baus in den Wind – es ist das höchste Gebäude der Stadt. Hier residieren u. a. die Mitarbeiter der Hafengesellschaft BremenPorts.

Mit einem Aufzug gelangt man bis in die 20. Etage auf eine windgeschützte und umlaufend verglaste **Aussichtsplattform in 77 Metern Höhe.** Von hier aus hat man einen grandiosen Ausblick über die Seestadt Bremerhaven und das Umland. Eine Treppe führt auf das Dach der 21. Etage des Towers, wo den Besucher eine zweite, windoffene Plattform in 86 m Höhe erwartet. Der Besuch ist kostenpflichtig.

Aussichtsplattform SAIL City

Am Strom 1, Tel. 0471-309900, www.atlantic-hotels.de; Öffnungszeiten: April–Sept. 9 – 21 Uhr; Okt.–März 10 – 17 Uhr, letzte Auffahrt 30 Minuten vor Schließung.

Zur »blauen Stunde« im Neuen Hafen

Im Klimahaus: Reise um die Erde entlang des 8. Längengrades

Unmittelbar neben dem steil aufragenden SAIL City liegt, geduckt wie der schimmernde Panzer einer geheimnisvollen Riesenechse, der mächtige ovale Bau des **Klimahauses Bremerhaven (5)**. Die Außenhaut besteht aus 4700 einzeln angefertigten Glasscheiben, im Inneren befindet sich eine der aufregendsten Wissens- und Erlebniswelten Deutschlands.

Auf 11.500 m² Ausstellungsfläche wird hier wissenschaftlich fundiert und hautnah inszeniert ein tiefer Einblick in die komplexe Welt des Klimas gewährt. Das Klimahaus greift damit nicht nur ein hochaktuelles Thema auf, sondern will auch eindringlich sensibilisieren für die Zerbrechlichkeit und Gefährdung der Erde durch den vom Menschen herbeigeführten Klimawandel.

So ernst den Machern das Thema Klima ist, so wenig findet sich aber moralinsaures Belehren. Stattdessen werden die Besucher im zentralen Ausstellungsbereich auf einer »Reise« durch die Klimazonen der Erde entlang des 8. Längengrades geführt und können sie dabei fühlen, riechen und erleben.

Nach dem Start in Bremerhaven und einer imaginären Zugfahrt landet man mitten in den Schweizer Alpen, kann Kühe melken und erleben, wie und warum Erdrutsche entstehen. Wenige Schritte weiter befindet man sich auf einer Kräuterwiese in Sardinien – bei 30 Grad Celsius und einer Luftfeuchtigkeit um die 50 %. Hier bieten sich überraschende Ausblicke auf Echsen, Schildkröten, Spinnen, Skorpione und viele Insekten.

Durch die Wüste Nigers und den Regenwald Kameruns geht es weiter zum Südpol, wo man eine antarktische Eiswüste durchschreitet. Die bittere Kälte spürt man hier aufgrund der trockenen Luft kaum. Mit 30 Grad Celsius und 80 % Luftfeuchtigkeit wartet anschließend das tropische Klima Samoas auf – in den Räumen riecht es nach Urwald und unbekannten Gewürzen. Durch ein riesiges Aquarium mit lebendem Korallenriff geht es weiter nach Alaska.

Letzte Station der Reise ist die Hallig Langeneß in der Nordsee. Wer mag, kann sich mitten auf die kleine Hallig setzen und warten, bis die Flut einsetzt und den trockenen Rückweg unmöglich macht. Aber keine Sorge: Wenn man einige Male tief durchgeatmet hat, läuft das Wasser schon wieder ab.

Neben aufregenden sinnlichen Eindrücken bietet jede Station eine Fülle von Informationen – natürlich zum Klima und zu den aktuellen durch den Klimawandel hervorgerufenen Problemen der jeweiligen Region. Im Fokus steht dabei der Mensch: Wie haben sich Gesellschaften an extreme klimatische Bedingungen angepasst, wie beeinflusst das Klima das Leben der Menschen, und welche teils dramatischen Veränderungen zerstören das Gleichgewicht zwischen Mensch und Natur?

Prägnante Texttafeln und unzählige Filme informieren den Besucher. Man sollte sich unbedingt Zeit nehmen, einige dieser spannenden Interviews mit Fischern, Taxifahrern, Schamanen, Arbeitern oder Lokalpolitikern anzuschauen, die voller humorvoller Kommentare, ergreifender Geschichten und brisanter Informationen sind.

Daneben gibt es weitere Lern- und Experimentierstationen rund ums Klima wie beispielsweise ein Wetterstudio oder einen CO_2-Rechner. Für einen Besuch im Klimahaus sollte man viel Zeit (mindestens 4 Stunden) einplanen.

Klimahaus® Bremerhaven
Am Längengrad 8, Tel. 0471-9020300, www.klimahaus-bremerhaven.de; Öffnungszeiten: täglich 10 – 18 Uhr.

Südlich des Klimahauses befindet sich das einstige Shopping-Center Mediterraneo, das im Frühjahr 2020 einen Neustart wagte: **»Mein Outlet« (6)** heißt jetzt die neue Shop-pingmall. Unter einer Glaskuppel kann man hier wetterunabhängig im südeuropäischen Ambiente vor pittoresken Fassaden bummeln und speisen.

Auf 9000 m² finden sich in dem Shopping-Center eine Piazza, Arkaden, Wasserspiele und Kulinarisches aus Südeuropa.

Mein Outlet Bremerhaven
Am Längengrad 12, Tel. 0471-92690790, www.mein-outlet-shopping.de; Öffnungszeiten: Shops Mo – Sa 10 – 19 Uhr, Gastronomie täglich 9 – 22 Uhr.

Eine **gläserne Drehbrücke für Fußgänger (7)** verbindet das Columbus Center mit der Havenplaza vor dem Klimahaus. Der vom Architekturbüro nps tchoban voss entworfene gläserne Übergang ist nach dem Vorbild der historischen Drehbrücken auf einem zentralen Pylon gelagert und kann bei Bedarf um 90 Grad gedreht werden, um Schiffen die Durchfahrt zu ermöglichen. 330 unterschiedlich geschnittene Fensterscheiben verleihen dem eleganten Bauwerk seinen besonderen Charakter.

Führung Havenwelten
Etwa 2-stündige Führung für Gruppen durch zwei Jahrhunderte Stadtgeschichte rund um den Alten und Neuen Hafen, inkl. Besuch der Aussichtsplattform SAIL City. Für Einzelpersonen ist auf der Internetseite der Tourist-Info ein Audioguide verfügbar. Buchung über:
Erlebnis Bremerhaven GmbH
Bremerhaven Touristik & Tourist-Infos
H.-H.-Meier-Str. 6, Tel. 0471-80936100, www.bremerhaven-tourism.de.

Über den Weserdeich zum Zoo am Meer

Vom Shopping-Center »Mein Outlet« und Klimahaus gelangt man direkt auf den mächtigen **Weserdeich**, der Häfen und Stadt vor der Flut schützt. Vom Deich erstreckt sich der Blick auf die weiten Wasserflächen der **Unterweser**, die die Nähe des Meeres spüren lassen. Bremerhaven markiert den Übergang der Unterweser in die Außenweser, jenen Teil des Flusses, der eigentlich schon zum Meer gehört. Bis nach Bremen, 60 km stromaufwärts, drückt die Nordsee zweimal täglich ihre Wassermassen in die Weser – dann herrscht Flut. Während der Herbst- und Frühjahrsstürme nehmen diese Tidehochwasser mitunter bedrohliche Formen an und bieten ein spektakuläres Naturschauspiel.

Da natürliche Überschwemmungsgebiete durch Vertiefung und Kanalisierung der Weser vernichtet wurden, läuft die Flutwelle heute bedeutend höher auf als noch vor 100 Jahren. Gleichzeitig wird die Weser ständig ausgebaggert, um **Hochseeschiffen** die Fahrt bis in die bremischen Häfen zu ermöglichen.

Die letzten Vertiefungsarbeiten führten zu einer Fahrwassertiefe in der Unterweser von 12,8 m. Für die neueren **Containerschiffe** immer noch zu wenig, um sicher nach Bremen zu gelangen. Daher soll die Außenweser bis Bremerhaven mittelfristig auf 15,5 m vertieft werden, um den weiteren Ausbau der **Container-Terminals** voranzutreiben.

Doch die Schiffstypen wachsen schneller, als die Weser ausgebaggert werden kann. So setzt Bremen heute verstärkt auf den Ausbau der Container-Terminals an der **Stromkaje** und neuerdings auf den gemeinsam mit Niedersachsen betriebenen Tiefwasserhafen bei Wilhelmshaven. Nach mehreren Gerichtsverfahren und parlamentarischen Untersuchungen und gegen den Widerstand von Umweltschützern wurde 2008 mit dem Bau begonnen, seit 2012 ist der **Jade-Weser-Port** in Betrieb.

Unterweser-Panoramablick während der SAIL Bremerhaven: Der Blick reicht von der Geestemündung, über die Strandhalle und die Seebäderkaje bis zu den Krananlagen entlang der Stromkaje.

Aufbruch in die Neue Welt – das Auswandererdenkmal von Frank Varga

Auf dem Weserdeich oberhalb des **Neuen Hafens** verbindet die neue Promenade Geschichte und Gegenwart: Wir wenden uns auf unserem Rundgang wieder nördlich weserabwärts und spazieren über den Deich Richtung Kaiserhäfen. Unser Weg führt flussabwärts zur **Strandhalle (8)**, die

zur Rast einlädt. Ein Stück weiter befindet sich direkt an der Weser die **Seebäderkaje (9)**, von wo aus früher Personenschiffe Richtung Nordsee in See stachen. 1913 baute die Stadt deshalb oberhalb des Anlegers eine Wartehalle für die Bädertouristen, für deren Bau sich Stadtbaurat Julius Hagedorn verantwortlich zeichnete. Hagedorn, der dem Deutschen Werkbund nahestand, entwarf einen Klinkerbau mit ausladender Terrasse zur Wasserseite, der mit seinem gedrungenen Turm ein wenig wie ein kleiner, schwerer Dampfer wirkt. Nach einer Restaurierung 1989 wurde die Strandhalle als Restaurant wieder eröffnet.

Unmittelbar an der Seebäderkaje, von der auch die Ausflugsschiffe nach Helgoland starten, steht das 1986 vom Detroiter Bildhauer Frank Varga entworfene **Auswandererdenkmal (10)**. Die bronzene Statuengruppe zeigt eine vierköpfige Auswandererfamilie und erinnert an die über sieben Millionen

Das Bremerhavener »Minarett«

Kurs Helgoland

Rund 115 km von Bremerhaven entfernt erhebt sich der mächtige rote Buntsandsteinfelsen Helgolands. Die Hochseeinsel ist eine Oase der Ruhe für Stressgeplagte und ein einzigartiges Naturdenkmal, das keine Umweltprobleme kennt. Mit dem modernen Katamaran MS »Nordlicht I« der Reederei Cassen Eils gelangt man während der Saison (Juni–September) immer montags und dienstags ab Seebäderkaje in knapp 2 Stunden nach Helgoland. Das traditionelle Ausbooten erfolgt inzwischen allerdings leider nicht mehr.

Ganztagesparkplätze für Helgolandfahrer gibt es im Parkhaus »Havenwelten«, nur wenige Meter von der Seebäderkaje entfernt.

Tickets & Infos unter www.cassen-eils.de, Tel. 04721-667600, E-Mail: info@cassen-eils.de.

Zum Weiterlesen: Wendula Dahle (Hg.): Helgoland – Das Reise-Lese-Buch. Bremen 2023.

Emigranten, die von Bremerhaven in die Neue Welt aufgebrochen sind.

Unser Weg führt einmal quer über den Willy-Brandt-Platz zum sogenannten **»Minarett« (11)**, das ursprünglich an der Südseite der Einfahrt zum Neuen Hafen stand. Der 22 m hohe Leuchtturm entstand 1893 als Unterfeuer zum Simon-Loschen-Leuchtturm und dient heute noch als Leuchtfeuer für die Schifffahrt auf der Weser.

Bleibt man auf dem Weserdeich, befindet sich gleich neben der Strandhalle der **Zoo am Meer (12)**, ein beschaulicher Zoo mit ungewöhnlichen Ausblicken auf die Unterweser und der Chance auf einige spektakuläre Begegnungen: Eisbären, Robben und Pinguine können durch große Glasscheiben beim Schwimmen unter Wasser beobachtet werden. Nicht nur für Kinder ist es ein atemberaubender Augenblick, einem tauchenden Eisbären gegenüberzustehen oder eine wilde Verfolgungsjagd der Pinguine zu erleben.

Ende 2013 erlebte der Zoo am Meer und mit ihm die Bremerhavener eine kleine Sensation. Erstmals nach über 40 Jahren kam wieder ein gesundes **Eisbärenbaby** zur Welt. Die Bremerhavener Bevölkerung durfte mitbestimmen, wie das Baby von Eisbärenmutter Valeska heißen sollte – und entschied sich für Lale. Bis Sommer 2015 blieb Lale dem Zoo am Meer erhalten, dann verließ sie die Seestadt Richtung Emmen in den Niederlanden. Im Dezember 2015 dann folgte Eisbärenmädchen

Direkt am Deich: der »Zoo am Meer«

Lili, die 2017 ebenfalls an den holländischen Zoo abgegeben wurde. Nachdem im Dezember 2018 zwei Eisbärenjunge direkt nach der Geburt starben, war die Freude umso größer, als kurz vor Weihnachten 2019 Zwillinge das Licht der Welt erblickten und beide wohlauf waren. Mehrere tausend Menschen beteiligten sich an dem nachfolgenden Namenswettbewerb. Die Gewinner »Anna« und »Elsa« gehörten zu den häufigsten Vorschlägen und stammen aus dem Disney-Film »Die Eiskönigin«, in dem sich die furchtlose Königstochter Anna auf die Suche nach ihrer Schwester Elsa begibt.

Seinen Ursprung hat der Zoo am Meer im Keller der Strandhalle, wo der Bremerhavener Zoologe **Heinrich Lübben** 1913 ein Aquarium mit von Fischdampfern mitgebrachten Seefischen einrichten ließ. 1928 entstanden neben der Strandhalle die »Tiergrotten«, wo vornehmlich Tiere aus nördlichen Breitengraden gezeigt

wurden. Nach mehrjähriger gründlicher **Umgestaltung** gibt es nun seit 2004 den Zoo am Meer in seiner jetzigen Form. Er zeigt neben den schon erwähnten Bewohnern der Nordmeere auch verschiedene Vogelarten, Pumas und einige Schimpansen. Höhepunkt für die ganz Kleinen ist das **Streichelgehege**, wo man Kaninchen, Meerschweinchen und Hamster auch mal auf den Arm nehmen kann.

Nicht versäumen sollte man die informativen kommentierten **Tierfütterungen**, die weniger auf Showeffekte als auf fundierte Informationen über Tierhaltung im Zoo und das Leben der Tiere in der Wildnis setzen.

Im September 2013 eröffnete im Zoo am Meer das neue **Nordsee-Aquarium.** In neun Becken werden die verschiedenen Bewohner der Nordsee präsentiert: Zander, Meerforelle und Aal, Seewolf und Seehase sind ebenso zu sehen wie Seenadeln, Seepferdchen und Wollhandkrabbe. Es werden aber auch aktuelle Themen aufgegriffen, wie die Wiederansiedlungsbemühungen von fast ausgerotteten Arten, darunter Stör und europäischer Hummer, und neue Lebensräume vorgestellt, wie sie beispielsweise moderne Windkraft-Offshore-Anlagen den immer stärker bedrohten Tierarten bieten.

Zoo am Meer Bremerhaven

H.-H.-Meier-Str. 7, Tel. 0471-308410, www.zoo-am-meer-bremerhaven. de; Öffnungszeiten: April–Sept. 9–19 Uhr; März/Okt. 9–18 Uhr; Nov.–Feb. 9–16.30 Uhr. Kommentierte Tierfütterungen, Spielplatz und Café.

Stillgelegter Semaphor an der Einfahrt zum Neuen Hafen

Ob man oben auf dem Weserdeich oder unten am Wasser entlanggeht, über die Schleuse Neuer Hafen gelangt man zum markanten, 1854 gebauten **Simon-Loschen-Leuchtturm (13)**. Dieses heute »Alter Leuchtturm« genannte Oberfeuer war notwendig geworden, um eine sichere Ansteuerung der Schleuse zum Neuen Hafen zu gewährleisten.

Der Architekt **Simon Loschen** zählt zu den wichtigsten Protagonisten der norddeutschen Neogotik, und der Leuchtturm ist ein herausragendes Beispiel für den Versuch, die Formensprache der norddeutschen Backsteingotik im Aufbruch der industriellen Revolu-

Der Simon-Loschen-Leuchtturm ist eines der Wahrzeichen der Hafenstadt.

Rechts unten: Der Kaiserhafen auf einer Postkarte von 1901 (Ausschnitt)

Der Pingelturm markiert die Einfahrt
zur Kaiserschleuse.

genauer gesagt auf der Nordmole zur
Schleuse Neuer Hafen, befindet sich das
historische **Semaphor (15)**, ein fast
20 m hoher Mast, der Windstärke und
-richtung von Borkum und Helgoland
anzeigt. Die meteorologischen Daten
werden alle zwei Stunden vom Deutschen Wetterdienst online gestellt.

Das nördliche Ende der Deichpromenade markiert das etwa 15 m hohe
Leuchtfeuer »Kaiserschleuse Ostfeu-
er«, das wegen der außen angebrach-
ten Nebelglocke vom Volksmund **Pingelturm (16)** genannt wird. Bei Ne-
bel ist diese Glocke nach wie vor in
Betrieb und schlägt viermal schnell
aufeinander. Das im Jahr 1900 vom
Hafendirektor Rudolf Rudloff erbaute
Backsteingebäude ist der nördlichste
Leuchtturm der Seestadt.

tion wiederzubeleben. Zunächst wurde das Leuchtfeuer mit Petroleum betrieben, 1942 elektrifiziert und 1951
automatisiert. Als ältester Festland-
Leuchtturm an der Nordseeküste ist
er bis heute in Betrieb.

Unser Weg folgt dem Fluss weiter
stromabwärts auf der Weserpromena-
de. Im **Schleusengarten (14)** bietet
sich eine kurze Rast an. Am Wasser,

Mit der **Kaiserschleuse (17)** haben
wir das Ende der Tour erreicht. Das 1897
eingeweihte Schleusenbauwerk wurde
notwendig, um für die expandieren-
den Liniendienste des Norddeutschen
Llyod genügend Hafenkapazität bereit
zu stellen. 2011 wurde sie modernisiert
und erweitert, damit Bremerhaven auch
zukünftig eine der größten Automobil-
drehscheiben in Europa bleibt.

2. Vom Alten Hafen zur Geestemündung

Vom maritimen Zentrum Havenwelten führt diese Tour weseraufwärts. Sie beginnt am **Alten Hafen (1)**, dem Ort, an dem die Geschichte Bremerhavens ihren Anfang nahm. 1827 begannen hier die Bauarbeiten für das kühne Hafenprojekt auf neu erworbenem Land der Stadt Bremen, nachdem der Bremer Hafen aufgrund der zunehmenden Versandung der Weser immer schwerer für Schiffe erreichbar geworden war.

Ab 1891 wurde das Hafenbecken vornehmlich für die expandierende **Fischereiwirtschaft** genutzt, die jedoch in den 1930er Jahren in den Fischereihafen umzog. 1960 bis 1975 ließ der Magistrat weite Teile des nun ungenutzten historischen Beckens verfüllen. Die noch erhaltenen Wasserflächen dienen seit 1966 als **Museumshafen** und ergänzen die Ausstellung des Deutschen Schifffahrtsmuseums, das als nationales Forschungsmuseum einen besonderen Rang einnimmt.

Schon das Gebäude des **Deutschen Schifffahrtsmuseums (2)** ist bemerkenswert. Der in Bremerhaven aufgewachsene Architekt Hans Scharoun, bedeutender Vertreter des organischen Bauens, entwarf den markanten Museumskomplex, der allerdings erst nach seinem Tod 1972 fertiggestellt wurde. Scharoun schuf einen dynamischen und lichten Museumsraum auf fünfzehn ineinander verschachtelten Ebenen. Große Glasfronten ermöglichen den Blick über den Museumshafen, auf die Wesermündung und die Küstenlandschaft.

Im Mittelpunkt der Sammlung stehen mehrere Hundert **Schiffsmodelle**, darunter Walfänger, Auswandererschiffe und Kriegssegelschiffe, mit denen europäische Nationen die Kolonien in Übersee unterwarfen.

Mitte/Zentrum

1	Alter Hafen	**6**	Wencke-Dock
2	Deutsches Schifffahrts-museum	**7**	Alte Geestedrehbrücke
		8	Kennedybrücke
3	Außengelände des Dt. Schifffahrtsmuseums	**9**	Historisches Museum
4	Weser-Strandbad	**10**	Alfred-Wegener-Institut für Polar- und Meeresfor-schung (Hauptgebäude)
5	Wasserstandsanzeiger		

Linke Seite:
Ein Publikumsmagnet: die Hansekogge im Deutschen Schifffahrtsmuseum

Aufgepasst: Das Museum wird seit 2018 umfassend saniert, sodass nicht alle Bereiche zugänglich sind. Während der **Umbauphase** sind nur die Kogge-Halle und das Außengelände für Besucher geöffnet; gelegentlich gibt es zudem Sonderausstellungen in den nutzbaren Räumen. Der Erweiterungsbau bleibt bis 2024 geschlossen. Künftig soll es dort um den Schiffbau, die Nutzung der Meere als Rohstoff-Lieferant sowie um die Meeresforschung gehen.

Besonders sehenswert ist die Hansekogge von 1380, die 1962 bei Bauarbeiten in Bremen entdeckt wurde. Bis zu dem sensationellen Fund wusste man von diesem Schiffstyp nur von Münzen und aus Urkunden. Das wertvolle Schiff verdanken die Archäologen wahrscheinlich einem Unglück: Die Kogge befand sich im Bau und war fast fertiggestellt, als sie während einer Sturmflut von ihrem Liegeplatz losriss und einige Hundert Meter flussabwärts versank. Das Wrack wurde vom Weserschlick bedeckt und auf diese Weise konserviert.

1962 barg man in mühsamer Kleinarbeit 2000 Einzelteile, die im Deutschen Schifffahrtsmuseum zusammengesetzt und in einem Wasser-Polyethylenglykol-Gemisch konserviert wurden. 38 Jahre nach dem Fund im Weserschlick konnte die Kogge im Mai 2000 endlich der Öffentlichkeit präsentiert werden.

Deutsches Schifffahrtsmuseum – Leibniz-Institut für Maritime Geschichte

Hans-Scharoun-Platz 1, Tel. 0471-482070, www.dsm.museum; Öffnungszeiten: täglich 10–18 Uhr; Wintersaison (15.11.–14.3) Di–So 10–18 Uhr; Museumsschiffe nur Sommersaison (6.4.–14.10.) täglich 10–17.45 Uhr.

Die Museumsflotte des Deutschen Schifffahrtsmuseums (ganz links im Bild) liegt im Alten Hafen. Das Außengelände ist für Besucher frei zugänglich.

Unmittelbar neben dem Museumsge-
bäude befindet sich im frei zugängli-
chen **Außengelände (3)** der schon
erwähnte Alte Hafen, der einer ganzen Reihe von imposanten historischen
Schiffen einen festen Liegeplatz bietet.

So etwa das Feuerschiff **»Elbe 3«**,
das 1909 in der Eiderwerft in Tönning
gebaut wurde. Es wurde zunächst an

Oben:
Die überlebensgroße Galionsfigur
wurde zur Namensgeberin
für die »Seute Deern«.

Seute Deern

Die »Seute Deern« (hochdt.:
süßes Mädchen) war jahrzehn-
telang eines der Schmuck-
stücke im Museumshafen des
Deutschen Schifffahrtsmuseums (DSM). Der größte jemals
gebaute Frachtsegler aus Holz
(Baujahr 1919) war definitiv
eines der Wahrzeichen Bremerhavens. Aber schon längst
war die »Seute« keine gesun-
de Deern mehr, seit Jahren lief
immer wieder Wasser in die
hölzerne Bark. Als im August
2019 auch noch die Pumpen
ausfielen, sank die »Seute
Deern«. Unabhängige Gutach-
ter stellten einen Totalscha-
den fest, die Sanierung würde
Schätzungen zufolge mindestens 30 Mio. Euro verschlin-
gen, etwas mehr als die Hälfte
davon sollte der Bund beisteu-
ern. Nostalgiker und Pragma-
tiker in Bremen und Bremerhaven diskutieren seither, ob
man wirklich so viel Geld in
die Erhaltung eines Schiffes
pumpen soll? Denn so wichtig
Traditionen und die damit ver-
bundene Denkmalpflege auch
sein mögen: Soll man so viel
Geld nicht besser anderweitig
einsetzen? Und man fragte sich
das erst recht, als die »Seute
Deern« mitten in der Corona-
Krise 2020 an ihren endgül-
tigen Abwrackplatz verholt
wurde.

Sven Bremer

der Westküste Schleswig-Holsteins und später in der Elbmündung eingesetzt. Der Haffkahn **»Emma«**, 1929 bei Stettin gebaut, befuhr als Binnenschiff Flüsse und Kanäle in Ostdeutschland; erst 1992 wurde er ausgemustert.

Der kleine Motorschlepper **»Helmut«**, der 1923 in Breslau konstruiert wurde, diente mit seinen 345 PS auf Berliner Gewässern. 1945 gelangte er auf abenteuerlichen Wegen in den Westen und wurde im Hamburger Hafen eingesetzt.

Als Deutschland im Vorfeld des Zweiten Weltkriegs intensiv in den Walfang einstieg, wurde 1939 in Wesermünde der Walfänger **»Rau IX«** gebaut. Er gehörte zu einer Flotte von zehn kleinen Dampfern, die gemeinsam mit dem Walfangmutterschiff »Walter Rau« auf Jagd gingen.

Das erst 1945 bei Blohm & Voß in Hamburg vom Stapel gelaufene Unterseeboot **»Wilhelm Bauer«** wurde wenige Tage vor Kriegsende von der Mannschaft versenkt. 1957 wurde das U-Boot gehoben und von der Deutschen Marine genutzt. Seit 1984 liegt es als viel besuchtes Technikmuseum im Außengelände des Deutschen Schifffahrtsmuseums.

Auf dem Trockenen liegen einige weitere Schiffe, wie der 1945 gebaute Hafenschlepper **»Stier«**, das 1953 gebaute Tragflächenboot **»WSS 10«**, das eher ein technisches Kuriosum darstellt, und die Hochseerennyacht **»Diva«**, die noch in ihrem Baujahr 1985 den legendären Admiral's Cup gewann. Zwischen all diesen Schiffen finden sich auch zahlreiche technische Exponate wie Dampfhammer, Kräne und der Schornstein des ersten deutschen atomgetriebenen Schiffs **»Otto Hahn«**.

Technikmuseum U-Boot »Wilhelm Bauer«
Hans-Scharoun-Platz 1, Tel. 0471-482070, www.dsm.museum, www.u-boot-wilhelm-bauer.de; Öffnungszeiten: März–Nov. täglich 10–18 Uhr.

Vom Alten Hafen sind es nur ein paar Schritte zum **Weser-Strandbad (4)**, wo Liegestühle und Strandkörbe im feinen weißen Sand bereitstehen. Umkleidekabinen, Duschen, ein schöner Spielplatz, eine Bar und ein **Strandcafé** stehen zur Verfügung. Im Sand können Beachvolleyball und Beachsoccer gespielt werden, im Übrigen kann man hier auch einfach ein paar Stunden Ruhe und Erholung mit Blick auf Wasser und Schiffe genießen. Das Baden in der Weser ist jedoch aus Sicherheitsgründen nicht erlaubt. Für Kinder gibt es einen Wasserspielplatz.

Seit kurzem gibt es aber Pläne, das Strandbad um eine Bade-Lagune zu erweitern. Hintergrund ist der notwendig gewordene Abriss der angrenzenden **Nordmole**, nachdem im August 2022 Teile der Mole plötzlich abgesackt waren. Mit dem bei ihrem Neubau anfallenden Bodenaushub will man nicht nur die Fläche des Strandbads vergrößern, sondern zudem eine lagunenartige Bademöglichkeit schaffen. Die Zuwässerung zur Lagune soll aus dem Geestvorhafen erfolgen; ihr Wasserstand soll sich – zumindest teilweise – nach dem Wasserstand der Weser richten.

Die derzeitigen Pläne sehen eine Umsetzung des Bauvorhabens bis 2026 vor. Auf der neuen Nordmole soll auch der **historische Leuchtturm** von 1914, der mit dem Abriss der alten Mole demontiert werden musste, originalgetreu wieder aufgebaut werden.

Wo die Geeste in die Weser mündet: Blick auf das Weser-Strandbad, hier noch mit dem historischen Leuchtturm auf der Nordmole.

Strandcafé »Seelust« im Weser-Strandbad

Am Alten Vorhafen, Tel. 0471-9418807, Öffnungszeiten: Mai−Sept. täglich 10−20 Uhr, bei schlechtem Wetter geschlossen.

Direkt am Strandbad steht unübersehbar der fast 32 m hohe **Wasserstandsanzeiger (5)**, der 1903 von der Geestemünder Eisengießerei und Maschinenfabrik Möhlen & Seebeck gebaut wurde. Bis 1973 informierte er einfahrende Schiffe über die Gezeitenstände in der Wesermündung. Am Gittermast mit Rahe und Stenge werden die Wasserstände in Metern (1 Meter = 1 Ball) und 20-Zentimeter-Stufen (20 cm = 1 Kegel) angezeigt.

Seit Anfang der 1980er Jahre steht der Anzeiger unter Denkmalschutz, und seit 1998 gehört er zu den Außenexponaten des Deutschen Schifffahrtsmuseums. Seit der Restaurierung der historischen Anlage 2003 zeigt sie nunmehr auch wieder die aktuellen Wasserstände an.

Das Strandbad befindet sich direkt an der Mündung der **Geeste**, dem nördlichsten und damit letzten Nebenfluss der Weser. Die Geeste entspringt etwa 28 km südöstlich bei Bremervörde und entwässert einen großen Teil des Landkreises Cuxhaven. Stark mäandernd durchströmt der kleine Fluss die Moorgebiete und wird seit dem Mittelalter rege von kleineren Schiffen und Kähnen genutzt.

Mit dem Bau Bremerhavens entstanden am Unterlauf der Geeste zahlreiche **Schiffswerften** mit aufwendig gebauten Trockendocks. Die eleganten Holzsegler der Johann Lange Werft entstanden hier ebenso wie die Schiffe der renommierten Rickmers-Werft, der Johann Carl Tecklenborg Werft oder der Ulrichs-Werft, die später in die Seebeck-Werft überging.

Wenckes Dock auf einem Holzstich von 1875

Spaziert man ein paar Hundert Meter die Geeste flussaufwärts, passiert man ein herausragendes Technikdenkmal, das **Trockendock von Friedrich Wilhelm Wencke (6)**, der ab 1833 an der Geeste eine Werft betrieb. Es ist das älteste erhaltene Trockendock Deutschlands. Zwar wurde es nach 1945 mit Trümmern verfüllt, doch nach einer Restaurierung in den 1970ern und einer erneuten Sanierung im Jahr 2012 ist das 86 Meter lange Dock wieder sichtbar. Solche Trockendocks nutzten in der Frühphase der industriellen Revolution Ebbe und Flut, um Schiffe trockenzulegen und reparieren zu können.

Ebenfalls ein bedeutendes Technikdenkmal ist die alte **Geestedrehbrücke (7)**, die mit knapp 60 m die Geeste überspannt. Die 1904 eröffnete Brücke wurde noch als genietete Konstruktion errichtet und elektrisch betrieben. Seit 1976 steht das Ensemble unter Denkmalschutz und wurde mehrmals umfassend saniert, u.a. wurden die historischen Nieten durch Schraubenverbindungen ersetzt. An der Nordseite der Drehbrücke befindet sich ein Bildrelief, auf dem (v.l.n.r.) der Schnelldampfer **»Kaiser Wilhelm der Große«**, das damalige Wappen Bremerhavens, das Wappen Geestemündes, das bremische Wappen sowie rechts abschließend der Leuchtturm Roter Sand vor der Wesermündung dargestellt sind.

Einige Hundert Meter weiter flussabwärts befindet sich ein weiteres technisches Meisterwerk. Die 1961 eröffnete **Kennedybrücke (8)** ist Brücke und Sperrwerk in einem. Mehrmals im Monat klappte die Brücke noch in den 1970er Jahren für die Passage von Schiffsneubauten hoch. Doch heute befindet sich schon lange keine produzierende Werft mehr an der Geeste, sodass schon seit Jahren keine Brückenöffnung mehr erfolgte.

Der 107 m hohe **Radarturm** (Richtfunkturm) unweit der Brücke ist derzeit leider nicht begehbar. Wenn er der Öffentlichkeit wieder zugänglich gemacht wird, hat man von seiner 59 m hohen Aussichtsplattform einen 360 Grad-Panoramablick, natürlich auch auf das Klimahaus und die Hafengebiete.

Radarturm mit Aussichtsplattform
Am Alten Vorhafen 1, Tel. 0471-48350, www.wsa-weser-jade-nordsee.wsv.de/webcode/2199488.

Zeitreisen an der Küste

Im Gasthof »Schloss Morgenstern« in Weddewarden konstituierte sich 1882 unter Federführung des »Marschendichters« Hermann Allmers der noch heute existierende »Heimatbund der Männer vom Morgenstern« und verschrieb sich der Pflege des regionalen historischen Erbes. Aus dieser Männerrunde entstand ein Verein, der im Laufe der Jahre eine große Sammlung von Gemälden, maritimen Schaustücken und wertvollen Dokumenten zur Stadtgeschichte zusammentrug und diese ab 1897 der Öffentlichkeit präsentierte. 1902 übergab der Heimatbund seine Sammlung an die Stadt Geestemünde, die wiederum vier Jahre später ein Heimatmuseum eröffnete, das bis 1985 unter dem Namen »Morgenstern-Museum« agierte. Letztlich wurde also bereits Ende des 19. Jahrhunderts der Grundstein gelegt für ein sich immer wieder erneuerndes Museum, das heute weit mehr als ein Heimatmuseum ist. 1985 wurde aus dem Morgenstern-Museum das **Historische Museum Bremerhaven (9)**.

1991 konnte der direkt an der Geeste gelegene, an die Architektur der ehemaligen Fischhallen angelehnte und mehrfach prämierte Neubau eröffnet werden. Das Haus entführt seine Besucher auf unterhaltsame und erlebnishafte Weise in die Zeiten, als Bremerhaven der größte Auswanderer- und der bedeutendste Fischereihafen Europas war. Auf einer Ausstellungsfläche von insgesamt 3300 qm sind u.a. Szenen vom Hafenumschlag, eine traditionelle Hafenkneipe, eine komplette Werft, ein Fischladen sowie die speziellen Dampf- und Kältemaschinen aus dem Fischereihafen zu entdecken. Auch ein

Luftschutzkeller aus dem Zweiten Weltkrieg, eine Notunterkunft der Nachkriegszeit sowie ein komplettes Kino im Stil der 1950er Jahre versetzen die Museumsbesucher in vergangene Zeiten.

Zurück zu den frühesten Spuren menschlichen Lebens in der Region zwischen Elbe und Weser führt eine archäologische Ausstellungseinheit: Zu den gezeigten Exponaten zählen der bedeutendste Goldschatz Norddeutschlands ebenso wie kostbare römische Gefäße und rekonstruierte Urnengräber.

Einzigartig ist die Deutsche Auswanderer-Datenbank (DAD), die mit derzeit über 5 Millionen erfassten Auswanderern nach Nordamerika die größte europäische Datenbank zum Thema Auswanderung darstellt. Grundlage hierfür sind die Passagierlisten der Auswandererschiffe. Der aktuelle Datenbestand bezieht sich auf die Emigration in den Jahren 1820–1897 sowie 1904 und 1907. Museumsbesucher können an zwei Terminals selbst nach ausgewanderten Vorfahren recherchieren. (www.deutsche-auswanderer-datenbank.de)

Neben der preisgekrönten Dauerausstellung präsentiert das Historische Museum Bremerhaven regelmäßig Sonderausstellungen zu den verschiedenen Sammlungsschwerpunkten.

Historisches Museum Bremerhaven
An der Geeste, Tel. 0471-30816-0,
www.historisches-museum-bremerhaven.de;
Öffnungszeiten Museum und MuseumsCafé: Di–So 10–17 Uhr.

Auf dem Weg zurück zum Alten Hafen passiert man das **Alfred-Wegener-Institut für Polar- und Meeresforschung (AWI) (10)**. 1980 gegründet, beschäftigt das Institut heute rund 800 Mitarbeiter in der Polar- und Meeresforschung. Das Gebäude des Kölner Architekten Oswald Mathias Ungers lässt etwas vom mitunter aufregenden Forschungsalltag der Biologen, Physiker, Geologen und Ozeanografen ahnen. Das dunkle Klinkergebäude mit dem aufgesetzten, strahlend weißen Staffelgeschoss erinnert an einen Ozeandampfer mit mächtigem Bug. »Das steinerne Schiff« nannte Unger den Bau und gestaltete Geländer als Reling, Kamine als Schornsteine, und die Fensterbänder erinnern an ein Passagierschiff.

Für Architekturinteressierte lohnt sich ein Abstecher zum neuen **Hauptgebäude des AWI** 500 m weiter südlich am Handelshafen. Direkt am Hafenbecken errichtete das Münchener Architekturbüro Steidle + Partner mit dem Berliner Künstler Erich Wiesner 2004 ein aufregendes Bürogebäude.

Die Fassade aus glasierten schwarzen, grauen und weißen Klinkern mit asymmetrisch angeordneten Fenstern und unterschiedlichen Geschosshöhen bietet ein lebendiges Gegenüber zur bewegten Wasseroberfläche des Hafenbeckens. Großen Wert legten Bauherr und Architekten auf ökologische Aspekte: Blockheizkraftwerk, Wärmerückgewinnung sowie eine optimale Tageslichtbeleuchtung ergeben eine äußerst niedrige Gesamtenergiebilanz.

Etwa 500 m weiter östlich entlang des Yachthafens entsteht derzeit mit dem **Technikum** ein weiteres Gebäude des AWI, in dem zukünftig Geräte für den Einsatz in den Polarregionen und der Tiefsee entwickelt und getestet werden sollen.

Das markante AWI (Alfred-Wegener-Institut) im Zentrum der Stadt, erbaut von Oswald Mathias Ungers

Alfred Wegener (1880–1930)

Insgesamt vier Grönland-Expeditionen hat der berühmte deutsche Polar- und Geowissenschaftler unternommen. In den Jahren 1906–1908 überwinterte Alfred Wegener zweimal in Nordostgrönland und lernte die Techniken des arktischen Reisens. Seine dort ausgeführten meteorologischen Messungen hatten Pioniercharakter. 1912/13 überquerte er mit drei Kollegen das grönländische Inlandeis, was bedeutete, 1200 km unter extremen Bedingungen zurückzulegen. 1930 leitete Wegener eine große meteorologisch-geophysikalische Expedition. Dabei kam es zu Versorgungsproblemen der im Zentrum Grönlands gelegenen Forschungsstation »Eismitte«. Bei dem Versuch, seinen dort ausharrenden Kollegen Hilfe zu bringen, kam er im November 1930 zusammen mit seinem grönländischen Begleiter Rasmus Villumsen ums Leben. Villumsen blieb verschollen, und mit ihm Wegeners Tagebuch.

Neben seinem abenteuerlichen Leben als Grönlandforscher war Alfred Wegener ein ungemein erfolgreicher Wissenschaftler. Davon zeugen seine bahnbrechenden Veröffentlichungen. Weltberühmt wurde er durch die Formulierung seiner Kontinentaldrifttheorie. Diese fand erst in den 1960er Jahren allgemeine Anerkennung und wurde zur Grundlage der heutigen Lehrmeinung zur Plattentektonik.

Polarfoschung heute: Die »Polarstern« auf dem Weg zur Versorgung der Neumayer-Station III in der Antarktis (Helikopter-Aufnahme)

3. Spaziergang durch die Innenstadt

Hinter dem weißen Hochhausband des Columbus Centers liegt das eigentliche Bremerhaven mit seinen 113.000 Einwohnern. Sicher, das Zentrum Bremerhavens ist kein kunsthistorisches Kleinod, und dies liegt nicht nur an der fast vollständigen Zerstörung der Innenstadt während eines Bombenangriffs im September 1944. Schon mit der Gründung der Seestadt 1827 hatten die Bremer Bürger kein urbanes Vorzeigeprojekt geplant – nicht einmal eine Kirche war vorgesehen –, sondern es war vornehmlich ein Hafen mit notwendigerweise benachbarten Unterkünften für die Arbeiter geplant.

Heute hat sich aus diesen Anfängen eine eigenständige und selbstbewusste Kommune entwickelt, die im Zweistädtebundesland Bremen über eine eigene kommunale Verfassung und eine große Eigenständigkeit verfügt.

Über die neue gläserne Fußgängerbrücke gelangt man von den Havenwelten in das **Columbus Shopping Center (1)**, eine Einkaufspassage auf zwei Ebenen, und schließlich in die nach dem Stadtgründer benannte Bürgermeister-Smidt-Straße. Die **Fußgängerzone** lädt vor allem auch Besucher aus dem Umland zum Shoppen ein, immerhin ist Bremerhaven das wichtigste Oberzentrum für die Unterweserregion.

Columbus Shopping Center

Innenstadtbereich, Obere Bürger 127, 0471-3008204, www.columbus-center.de, Öffnungszeiten: Mo–Sa 10–19 Uhr.

Markantestes Bauwerk ist die **Bürgermeister-Smidt-Gedächtniskirche (2)**, die Anfang der 1850er Jahre vom Bremer Ingenieur Simon Loschen auf rund 500 Holzpfählen gebaut wurde, um ein Absinken im weichen Marschenboden zu verhindern.

Der neogotische Bau mit seinem 86 m hohen Turm war lange Zeit das höchste Gebäude in der Stadt. Die farbig gla-

Bummel durch die »Bürger«

Bürgermeister Johann Smidt,
Lithografie um 1846

Die »Große Kirche«

sierten Klinker erinnern an die Schaufassaden der Repräsentationsbauten großer Hansestädte. Die Sandsteinfiguren von Ulrich Zwingli und Martin Luther an der Westseite verweisen auf die lutherischen und reformierten Wurzeln der heute unierten Gemeinde, die überdies als einzige Bremerhavener Kirche zur Bremischen Evangelischen Kirche gehört.

1944 brannte die Kirche vollständig aus; sie wurde bis 1960 restauriert, wobei der Innenraum vollständig neu gestaltet wurde. Das ungewöhnlichste an der »Großen Kirche«, wie die Bremerhavener sie nennen, ist die Tatsache, dass sie als einziges Gotteshaus Deutschlands einem weltlichen Bürgermeister gewidmet ist – der allerdings Theologie studiert hatte, bevor er in die Politik ging.

Bürgermeister-Smidt-Gedächtniskirche »Große Kirche«
Bürgermeister-Smidt-Str. 45, www.grosse-kirche.de; Gottesdienst jeden So um 10 Uhr, Orgelandacht jeden Mi um 18 Uhr.

Am südlichen Ende der Fußgängerzone befindet sich das 1911 eröffnete **Stadttheater (3)**, das heute als Fünf-Sparten-Haus mit eigenem Ensemble geführt wird. Die Jugendstilfassade von dem Berliner Theaterarchitekten Oscar Kaufmann überstand den verheerenden Bombenangriff 1944 nur in Teilen und wurde Anfang der 1950er Jahre in den Neubau am Theodor-Heuss-Platz integriert. Der jüngste Umbau erfolgte 1999/2000 – das Haus ist seither mit modernster Bühnentechnik ausgestattet.

1	Columbus Shopping Center	**4**	Kunstmuseum
2	Bürgermeister-Smidt-Gedächtniskirche	**5**	Kunsthalle
3	Stadttheater	**6**	Alfred-Wegener-Institut für Polar- und Meeresforschung (Hauptgebäude)

Künstlerisch erhielt das Stadttheater viel Lob seitens der zeitgenössischen Fachkritik. Es wurde 2015 mit dem Theaterpreis des Bundes ausgezeichnet sowie von der Fachzeitschrift Die Deutsche Bühne 2016 zu einem der besten Theater abseits der Zentren ernannt. In den Spielstätten im Großen Haus und Kleinen Haus ist jede Saison ein breites Repertoire der Sparten Musiktheater, Schauspiel, Ballett und des Philharmonischen Orchesters Bremerhaven zu erleben.

Seit der Spielzeit 2011/2012 hat das Stadttheater Bremerhaven mit dem **Jungen Theater Bremerhaven** (JUB!) am Elbinger Platz auch ein umfangreiches Programm für sein jüngstes Publikum zu bieten.

Stadttheater Bremerhaven

Theodor-Heuss-Platz 1, Theaterkasse
Tel. 0471-49001,
www.stadttheaterbremerhaven.de.

Seit 2007 präsentiert Bremerhaven mit dem **Kunstmuseum (4)** eine 700 m² große Ausstellungsfläche für die umfangreiche Sammlung des Bremerhavener Kunstvereins von 1886 e. V., um hier in wechselnder Zusammenstellung eine Auswahl von Werken aus der über 100-jährigen Sammlungsgeschichte an der Wesermündung zu zeigen. Im eleganten Kubus werden die Werke in sogenannten Künstlerräumen präsentiert. Sie sind jeweils dem Werk einzelner Künstler oder Künstlergruppen gewidmet und vielfach gemeinsam mit diesen entwickelt worden.

Architektonisches Highlight: das Bremerhavener Stadttheater. Im Krieg wurde die von Oskar Kaufmann entworfene Jugendstilfassade weitgehend zerstört, Teile wurden in den Wiederaufbau integriert.

Kunst auf drei Etagen

Mitten in der Innenstadt wurde Anfang 2007 das Museum für Kunst eröffnet, das dem Bremerhavener Kunstverein endlich die Möglichkeit gab, seine außergewöhnliche Sammlung einem breiten Publikum zu zeigen. Seit seinem Gründungsjahr 1886 hat der Kunstverein regelmäßig Exponate seiner Ausstellungen erworben. Bedeutende Künstler des 19. Jahrhunderts wie Carl Maria Nikolaus Hummel, Wilhem de Gruyter oder Oswald Achenbach sind dort ebenso zu sehen wie die Worpsweder Otto Modersohn, Paula Modersohn-Becker, Richard Oelze und Heinrich Vogeler.

Insbesondere seit den ausgehenden 1960er Jahren sind Werke bedeutender Künstler in die Sammlung gekommen, darunter Gerhard von Graevenitz, Raimund Girke oder Klaus Staudt. Später fanden Werkgruppen von Franz Erhard Walther, Ulrich Rückriem, Jürgen Partenheimer, Blinky Palermo, Stephan Balkenhol, Ilya Kabakov oder Hamish Fulton Eingang in die Sammlung, und zuletzt jüngere Positionen von Andreas Slominski, Norbert Schwontkowski, Manfred Pernice, Gregor Schneider oder Ceal Floyer. Die Arbeiten werden nun über drei Etagen in 14 Räumen auf insgesamt 700 qm Ausstellungsfläche präsentiert.

Schon seit den 1960ern bot Bremerhaven ein Podium für zeitgenössische Kunstpositionen, die in den Kunstmetropolen noch lange nicht angesagt waren. So zeigte der Kunstverein Arbeiten von Gerhard Richter, Candida Höfer, Clegg & Guttmann, Bernhard Prinz, Elvira Bach, Anne Berning, Paloma Varga Weisz, Gregor Schneider, Karin Kneffel, Katharina Grosse, Rolf Julius, Stefan Wissel, Axel Lieber, Tatjana Doll, Sergej Jensen oder Michaël Borremans, als diese noch weithin unbekannt waren.

Kunstmuseum Bremerhaven
Karlsburg 1, Tel. 0471-46838,
www.kunstverein-bremerhaven.de;
Öffnungszeiten: Di–Fr 10–18 Uhr, Sa/So/feiertags von 11–17 Uhr.

In der benachbarten **Kunst-halle (5)**, 1964 vom Bremer Architekten Gerhard Müller-Menkens errichtet, sind verschiedene Wechselausstellungen zeitgenössischer Künstler zu sehen. Im Erdgeschoss befindet sich außerdem mit dem Kabinett für aktuelle Kunst ein weiterer wichtiger Ausstellungsort der internationalen Avantgarde sowie das Bistro »Caspar David & Co.«.

Kunsthalle Bremerhaven
Karlsburg 4, Tel. 0471-9586106, www.kunstverein-bremerhaven.de; Öffnungszeiten: Di–Fr 11–18 Uhr, Sa/So/feiertags 11–17 Uhr.

Neben dem architektonisch herausragenden Bau der Hochschule des Kölner Architekten Gottfried Böhm ist auch das Gebäude des **Alfred-Wegener-Instituts (6)** von Oswald Mathias Ungers ein Highlight.

Blick in die »Bürger«, die Einkaufsmeile in Bremerhavens Zentrum

Wer am Abend Lust auf urbane Gemütlichkeit hat, ist in der **»Alten Bürger«** gut aufgehoben, einer vitalen Geschäftsstraße mit wunderschönen Bürgerhäusern aus dem 19. Jahrhundert. Hier lässt sich das städtische Flair der Seestadt erahnen, wie es in den gutbürgerlichen Vierteln bis zur Zerstörung im Zweiten Weltkrieg noch bestand. Heute lockt die »Alte Bürger« mit urigen Kneipen, schicken Läden und vielen Aktivitäten. Herausragendes Event ist das jährliche Straßenfest.

Aktuelles Programm und Infos unter www.diealtebuerger.de.

4. In die Überseehäfen

Kreuzfahrt-Terminal

Viele Besucher Bremerhavens erreichen heute die Stadt an der Wesermündung auf eleganten Kreuzfahrtschiffen internationaler Reedereien. Das 2003 neu eingeweihte Kreuzfahrt-Terminal **Columbus Cruise Center (1)** ist eines der weltweit modernsten Passagierterminals auf dem boomenden Markt des Kreuzfahrttourismus.

Die meisten Schiffe kommen aus dem skandinavischen Raum und kreuzen durch Ost- und Nordsee. Aber auch Fahrten in den Mittelmeerraum oder nach Portugal starten in Bremerhaven. 1928 wurde unweit des heutigen Terminals die aufwendig auf 15.000 Pfählen errichtete **Stromkaje** für den Transatlantikverkehr bereitgestellt. Vor allem die großen Liner des Norddeutschen Lloyds »Columbus«, »Europa« und »Bremen« verkehrten an der Kaje.

Viele Auswanderer waren unter den Gästen an Bord. Außerdem entwickelte sich in den 1920er Jahren neben den Geschäftsreisen auch erstmals Fern-tourismus in großem Stil.

Der vordere Teil der Stromkaje wird deshalb auch **Columbuskaje (2)** ge-nannt. Die neue Anlage war notwen-dig geworden, weil die 1897 an der **Kaiserschleuse** errichtete Lloydhalle nicht mehr den gestiegenen Anforde-rungen genügte. So entstand gleich-zeitig mit der Kaje auch eine moder-ne Empfangshalle mit Gleisanschluss, genannt **Columbusbahnhof**. 1944 wurde das im internationalen Stil (eine Strömung der klassischen modernen Architektur) gebaute Haus bei einem Bombenangriff zerstört. In den 1950er Jahren entstand dann ein zeitgemä-ßer charmanter Neubau, der allerdings später in Teilen abgerissen wurde. Heu-te dient das Kreuzfahrt-Terminal als modernes Passagierterminal.

Besuchergalerie im Kreuzfahrt-Terminal im Columbus Cruise Center

Columbuskaje 1, Tel. 0471-9026250, www.cruiseport.de, Infozentrale ge-öffnet Mo–Fr 9–15 Uhr. Die Galerie ist während der Öffnungszeiten des Columbus Cruise Centers und an den An- und Abfahrtstagen der Kreuz-fahrtschiffe 9–21 Uhr zugänglich.

Überseehäfen

Während sich nördlich des **Columbus Cruise Centers** die Container-Termi-nals und südlich die Deichpromenade Bremerhaven anschließen, erstrecken sich landeinwärts die verschiedenen Hafenbecken der Überseehäfen.

Das älteste Becken in den Über-seehäfen ist der 1875 eröffnete **Kai-serhafen I (3)**, der den Alten Hafen und den Neuen Hafen entlasten sollte. Doch auch dieses neue Becken konnte insbesondere den wachsenden Aus-wandererverkehr des Norddeutschen

Vier auf einen Streich: Kreuzfahrtschiffe an der Columbuskaje

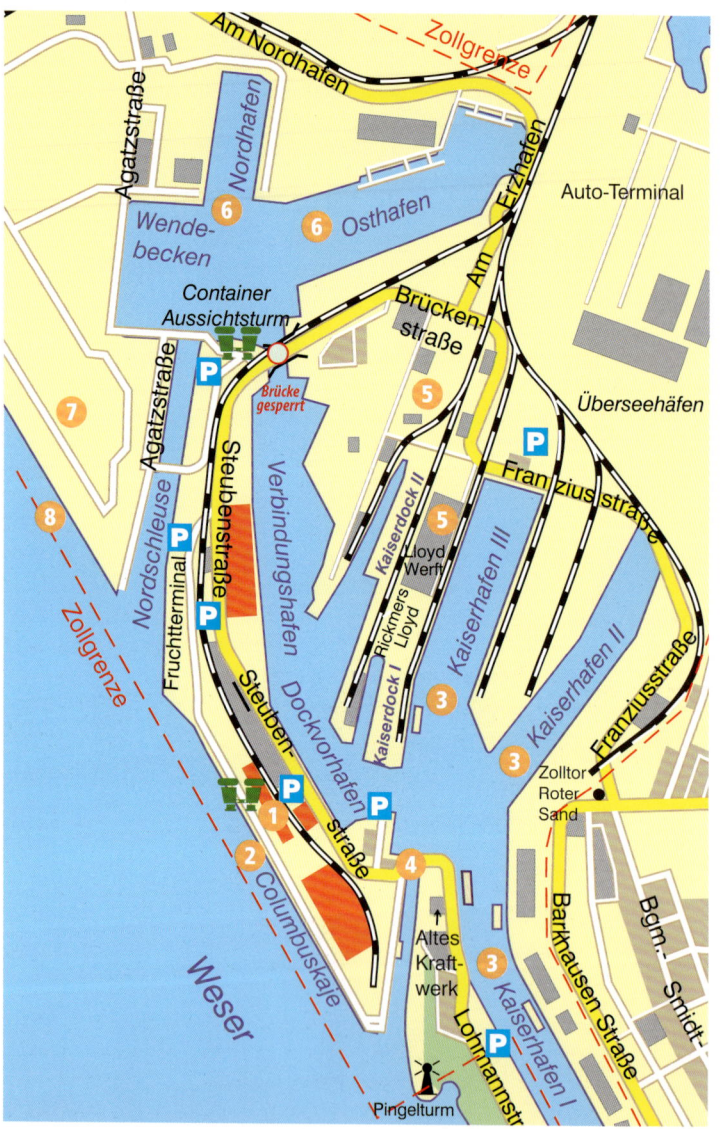

1	**Columbus Cruise Center**	**5**	**Lloyd Werft**
2	**Columbuskaje**	**6**	**Ost- und Nordhafen**
3	**Kaiserhäfen**	**7**	**Container-Terminal**
4	**Kaiserschleuse**	**8**	**Stromkaje**

Elvis Presley in Bremerhaven

Elvis Presley (1935–1977), der »King of Rock'n'Roll«, leistete als schon international legendärer Musiker ab 1957 den damals noch in den USA üblichen Wehrdienst ab und wurde nach seiner Grundausbildung in Texas zu den amerikanischen Besatzungstruppen nach Deutschland versetzt. Presley, der jegliche Vorzugsbehandlung ablehnte, landete als wohl bekanntester amerikanischer Rekrut, einen Seesack lässig über die Schulter geworfen, am 1. Oktober 1958 am Columbusbahnhof – wo ihn eine begeisterte Menge vornehmlich weiblicher Fans begrüßte.

Die Bremerhavener Polizei konnte die Fans kaum zurückhalten, die Presse witterte Anarchie, und Elvis genoss die Sympathie der jungen Deutschen, die im wilden Rock'n'Roll eine Alternative zum erstarrten kulturellen Leben der Adenauer-Ära sahen.

Eine **Gedenktafel** befindet sich in den Überseehäfen an der Kaje vor dem Kreuzfahrt-Terminal bei Meter 700 – genau an der Stelle, an der Elvis als Soldat vom Truppentransporter die Gangway herunterging. Die Bronze-Tafel kann jetzt auch als Nachbildung an der Besuchergalerie des Kreuzfahrt-Terminals bestaunt werden.

Elvis Presley als amerikanischer GI bei seiner Ankunft in Bremerhaven am 1. Oktober 1958

Lloyd (NDL) kaum noch abwickeln, sodass der NDL 1890 nach **Nordenham** auswich. Das konnte Bremerhaven natürlich nicht auf sich sitzen lassen. Ab 1892 kam es deshalb zu erheblichen Erweiterungen und von 1906 bis 1908 zum Bau des **Kaiserhafen II (3)** bzw. bis 1909 des **Kaiserhafen III (3)**. Die 1897 in Betrieb genommene **Kaiserschleuse (4)** war mit 223 m das weltweit größte Schleusenwerk und konnte den damals größten Passagierdampfer der Welt schleusen, den von der Vulcan AG Stettin gebauten Dampfer »**Kaiser Wilhelm der Große**« des NDL mit seinen rund 216 m Länge.

Heute ist es nicht mehr der NDL, der ständig Erweiterungen erzwingt, sondern der harte Verdrängungswettbewerb im internationalen **Autoum-**

schlag. Schon seit den 1960er Jahren werden über Bremerhaven in immer größerem Umfang PKW ex- und importiert. Während auf der einen Seite amerikanische oder japanische Modelle vom Schiff rollen, werden auf der anderen Seite in Europa produzierte Wagen nach Übersee verschifft.

Trotz der internationalen Wirtschaftskrise 2009/2010 konnte Bremerhaven seither noch vor dem belgischen Zeebrügge seinen Platz als Europas größter Autoverladeplatz behaupten. Etwa 6300 Autos werden täglich bewegt, rund 2,2 Millionen Fahrzeuge jährlich verladen, 95.000 Stellplätze stehen in den ausgedehnten Hafenanlagen zur Verfügung. Die modernen Autocarrier ähneln gigantischen schwimmenden Parkhäusern. Bis zu 6400 Fahrzeuge kann ein modernes Schiff der Tarmesis-Klasse fassen. In niedrigen Decks parken um die 200 Fahrer Fahrzeug um Fahrzeug, ein komplexes Logistikprogramm lenkt die scheinbar chaotischen Autoströme und am Ende bleibt nie ein PKW vergessen auf den riesigen Parkarealen zurück.

Um das Auto-Terminal zu erreichen, müssen die gigantischen Schiffe durch das Nadelöhr Nordschleuse, zunehmend ein logistisches Problem für die Seestadt. Deshalb wurde die 1897 erbaute alte Kaiserschleuse vollständig umgebaut, um Schiffe der Panmax-Größe über eine zweite Schleuse in die Hafengebiete manövrieren zu können. Seit 2010 bietet sie mit 305 m Länge und 55 m Durchfahrtbreite den erforderlichen zweiten Zugang.

Nicht nur der Autoumschlag verspricht sich vom Neubau viel, auch die im Hafen liegende **Lloyd Werft (5)** kann nun Aufträge für deutlich größere Schiffe annehmen. Die Lloyd Werft entstand mit dem Bau der Kaiserhäfen aus dem Bedarf des Norddeutschen Lloyd, seine ständig wachsende Flotte in eigenen Betrieben warten zu können. 1896 erwarb der Lloyd vom Bremer Staat am

Bremerhaven ist eine der größten Container-Drehscheiben Europas.

neu angelegten Kaiserhafen ein Gelände, das die Anlage eines modernen, großzügig dimensionierten Werftbetriebs zuließ. 1899 wurde ein Trockendock in Betrieb genommen, 1913 kam ein weiteres Trockendock hinzu, das nach einigen Erweiterungen heute eine Länge von knapp 340 m aufweist. Seit 1984 selbstständig, hat sich die Werft mit dem Bau und Umbau von Passagierschiffen international ein großes Renommee verschafft.

Nördlich der Kaiserhäfen schließen sich mit **Ost- und Nordhafen (6)** weitere Hafenbecken an, die ab 1914 gebaut wurden, um notwendige **zusätzliche Kapazitäten** zu erreichen. Die Kaiserschleuse konnte den anwachsenden Schiffsverkehr nicht mehr bewältigen, und so wurde in den 1920er Jahren eine neue, 372 m lange Nordschleuse gebaut, deren historische Maschinenhäuser, errichtet von Karl Falge, unter Denkmalschutz stehen. Nach dem Abbruch der Erzumschlaganlage 1993 werden Ost- und Nordhafen nun ebenfalls fast ausschließlich für den Autoumschlag genutzt.

Container-Terminal

Ähnlich wie einstmals die Erfindung des Rads hat die Einführung einer speziellen Transportkiste die Strukturen von Wirtschaft, Handel und Verkehr nachhaltig verändert: Der in den 1950er Jahren in den USA entwickelte **Container** hat nicht nur den internationalen Güterverkehr maßgeblich revolutioniert, er wurde darüber hinaus neben der Informationstechnologie zu einem herausragenden Motor der Globalisierung. In Bremerhaven kann man die Dynamik des weiterhin wachsenden **globalen Welthandels** hautnah erleben.

Moderne Arbeitswelten im Kaiserhafen

Ein Besuch des **Container-Terminals (7)** der Stadt ist alles andere als eine romantische Reise. Es ist der Blick in eine sich rasant verändernde Gegenwart und in die komplexen Abläufe eines vollends globalisierten Welthandels.

Als 1966 der US-Frachter »Fairland« als erstes Überseeschiff im Transatlantikverkehr Bremen ansteuerte, wurde noch mitleidig über die Metallkiste gelächelt. Die Traditionswaren Kaffee, Baumwolle, Getreide und Tabak wurden seit Jahrhunderten als Stückgut verschifft, warum sollte man das nun anders machen?

Doch die Vorteile des normierten Behälters setzten sich schließlich durch, und seit Jahren übertrifft das Wachstum im Containerverkehr alle noch so positiven Prognosen. Rund 95 % aller

Vom Container-Aussichtsturm hat man einen guten Rundumblick auf den Autoumschlag und die Container-Terminals an der Weser.

Waren des Welthandels werden unterdessen per Schiff transportiert. Den Löwenanteil von knapp 40 % nimmt zwar Rohöl ein, aber der Anteil des per Container verschifften Guts steigt beständig. Allein von Bremer Reedern befinden sich rund 300 Containerschiffe auf allen sieben Weltmeeren.

Der Umschlag an Seegütern in Bremerhaven lag 2021 bei rund 57 Mio. Tonnen, der Anteil der sogenannten TEU-Container (TEU steht für »Twenty-foot Equivalent Unit«, was übersetzt »Zwanzig-Fuß-Standardcontainer« bedeutet) lag 2021 bei über fünf Mio. – womit immerhin der Stand vor der Corona-Pandemie fast wieder erreicht werden konnte. Und: Würde man alle Container übereinander stapeln, die in Bremerhaven in einem Jahr umgeschlagen werden, bräuchte man einen rund 13.000 km hohen Kran, um den letzten Container ganz oben drauf zu setzen. Insgesamt werden immer noch pro Jahr

Waren im Wert von 40 Mrd. Euro über die Bremischen Häfen ex- und importiert, der Löwenanteil davon entfällt auf Bremerhaven. Nach Antwerpen, Rotterdam und Hamburg ist die Seestadt damit **eine der größten Container-Drehscheiben Europas**.

Die Grundlagen für den wachsenden Containerumschlag wurden in Bremerhaven mit dem Bau des **Container-Terminals Wilhelm Kaisen** geschaffen. Wilhelm Kaisen, dem ersten Nachkriegsbürgermeister Bremens, sagt man den angesichts der kriegszerstörten Stadt legendären Satz nach: »Zuerst die Häfen, dann die Stadt.« Nach dieser Philosophie ordnet sich auch in Bremerhaven politisches und planerisches Handeln zunächst einmal den Erfordernissen der Hafenwirtschaft unter.

Ende der 1960er Jahre begann in Bremerhaven der Bau des **Container-Terminals I (CT I)** direkt am offenen

Strom, an der sogenannten **Stromkaje (8)**. Damit ersparte man sich den Bau umfangreicher Hafenbecken und kostspieliger Schleusenanlagen und ermöglicht auch Schiffen mit großem Tiefgang das Anlegen an der Kaje. Ebbe und Flut stellen für die Containerbrücken kein Problem dar und so war das CT I nach seiner Eröffnung 1971 schnell ausgelastet. Bereits 1984 wurde das CT II eröffnet und damit die Gesamtfläche der **Container-Terminals** auf 1,8 Mio. qm mit 18 Containerladebrücken auf 2800 m erweitert.

Doch der gleichsam explosionsartig wachsende Markt brachte die Anlagen schnell an ihre Kapazitätsgrenzen. Wurden 1968 noch 284.000 TEU umgeschlagen, kletterte die Leistung der Anlagen und der Hafenarbeiter 1990 bereits auf 1,1 Millionen TEU. 1997 wurden deshalb mit dem CT III (bzw. CT IIIa) noch einmal 340 m Kaje erschlossen. Seit Inbetriebnahme des **CT IV** im September 2008 kommt Bremerhaven auf eine Stellfläche von rund 300 Hektar, das entspricht ungefähr der Größe von 360 Fußballfeldern. Die Stromkaje mit ihren 14 Liegeplätzen ist fast fünf Kilometer lang und wurde 2010 als größtes zusammenhängendes Container-Terminal der Welt ins Guinness-Buch der Rekorde eingetragen. Inzwischen ist es »nur« noch die längste Stromkaje Europas

Die **ökologischen Folgen** sind indes groß: Weite Bereiche der Uferzonen wurden vernichtet, und bis tief in die Marsch erstrecken sich die industrialisierten Areale. Auch die Außenweser muss für die immer größer werdenden Schiffe ständig vertieft werden, was nicht nur ökologisch bedenklich ist, sondern auch ein erhöhtes Sturmflut-

risiko bedeutet. Durch umfangreiche **Ausgleichsflächen** sollen die ökologischen Folgen abgemildert werden. Die ausgewiesenen Gebiete dienen Brut- und Rastvögeln als wertvoller Rückzugsraum. 2015 konnte das **Naturschutzgebiet Luneplate**, eine ehemalige Weserinsel südlich des Fischereihafens, ausgewiesen werden. Besucher können die Tierwelt ungestört über Rundwege und verschiedene Beobachtungsanlagen studieren. Es gibt hier außerdem zwei Besucherplattformen, eine am ehemaligen Lunesiel und eine mit Blick ins Feuchtgrünland, sowie zwei Info-Pavillons an den Parkplätzen. Erkunden lässt sich die Luneplate ausschließlich zu Fuß oder mit dem Fahrrad.

Hafenrundfahrten

Die Container-Terminals kann man nicht auf eigene Faust entdecken. Aber der 1979 eröffnete und sinnigerweise auf Containern fußende **Container-Aussichtsturm** am Wendebecken zum Nord- und Osthafen erlaubt aus ca. 15m Höhe einen großartigen Rundumblick auf den Autoumschlag und auf die Container-Terminals an der Weser.

Container-Aussichtsturm

An der Nordschleuse (zwischen Nordschleuse und Verbindungshafen); Öffnungszeiten: täglich 8 – 18 Uhr, Eintritt frei.

Den umfassendsten Eindruck vom Hafenleben gewinnt man mit dem **HafenBus,** einem Doppeldecker, der in das Sperrgebiet des Container-Terminals und des Autoumschlagplatzes vordringt und einen eindrucksvollen Einblick in die verwirrend komplexen

Abläufe und die Gigantomanie des Containerumschlags erlaubt.

Der HafenBus
(Fahrtdauer ca. 120 Min.)
1. Zustieg: Schaufenster Fischereihafen, beim Nordsee Hotel
2. Zustieg: Havenwelten, direkt vor dem Deutschen Schifffahrtsmuseum **Abfahrt:** tgl. 14 Uhr, zusätzlich Juni–Sept. Sa. 11 Uhr, Juli–Aug. Mo–Sa 16.30 Uhr. **Tickets:** online und in den Tourist-Infos Hafeninsel und Schaufenster Fischereihafen bis 2 Std. vor Abfahrt; Tel. 0471-80936100.

Auch wenn man von der Wasserseite die Abläufe eines Container-Terminals kaum erahnen kann, bieten die ver-

Per HafenBus oder Glasdachschiff das Hafenareal erkunden

schiedenen **Hafenrundfahrten** per Schiff den ergänzenden wasserseitigen Einblick in das pulsierende, hoch technisierte Leben im Hafen.

»Dicke Pötte Tour« mit
MS »Geestemünde«
(Fahrtdauer ca. 120 Min.)
Die Weserrundfahrt führt entlang der Skyline Bremerhavens bis zur Nordmole des Containerterminals. **Abfahrt:** Anlegestelle Neuer Hafen, Westseite. **Tickets:** Über die Reederei Weserfähre (Tel. 0471-3003600) oder bei den Tourist-Infos Bremerhaven (Tel. 0471-80936100).

Hafenrundfahrt mit »Lady Sunshine« und »Hein Mück«
(Fahrtdauer ca. 60 Min.)
Die Rundfahrt mit den Glasdachschiffen führt durch alle sieben Überseehäfen: Neuer Hafen, Kaiserhäfen, Verbindungshafen, Wendebecken und Nordhafen. **Abfahrt:** Anlegestelle am Südende des Neuen Hafens, neben dem Deutschen Auswandererhaus. **Tickets:** HaRuFa Ticketcenter, H.-H.-Meier-Str. 4, Tel. 0471-415850, www.hafenrundfahrt-bremerhaven.de.

5. Schaufenster Fischereihafen

Etwa 3,5 km stromaufwärts vom maritimen Zentrum Bremerhavens gelegen, erstreckt sich der **Fischereihafen**. Am besten erreicht man die ausgedehnten Areale am Südende der Stadt mit ÖPNV (Stadtbus Linie 514 sowie der neue Hafen-Liner) oder dem PKW.

1896 wurde hier südlich der Geeste außerhalb des damaligen bremischen

Die Nordsee-Pier im Fischereihafen um 1980

Gebietes der im Auftrag der preußischen Staatsregierung gebaute **Fischereihafen I (1)** eröffnet. Nach einem Entwurf des Geestemünder Baurats Theodor Hoebel entstand ein 1,2 km langes Hafenbecken ohne Schleuse – Ebbe und Flut bestimmten den Wasserstand im Hafenbecken.

Der Fischereihafen wurde bald zu einem der bedeutendsten Fischumschlagplätze an der Nordseeküste. An der Westseite des Hafenbeckens wurden bis zu 15 Fangschiffe gleichzeitig entladen und die Ware in der Auktions- und Packhalle I direkt versteigert. Die Tecklenborg Werft errichtete eine kleine Reparaturwerft, während an der Ostseite Bunker- und Kohlenplätze entstanden und ab 1911 die **Bremerhavener Eiswerke** Kunsteis für die ständig expandierende Fischfang- und Verarbeitungsindustrie produzierten.

Der Bedarf an Fisch in den prosperierenden Städten des Binnenlandes wuchs Anfang des 20. Jahrhunderts enorm an. Vom Fischversandbahnhof starteten in den 1920er Jahren täglich vier Fischzüge mit je 40 Waggons, um das Binnenland mit frischem Fisch zu versorgen. Bald wurde der Hafen zu klein, Ebbe und Flut führten immer wieder zu einer Verschlickung des Hafenbeckens und behinderten den Warenverkehr.

Mit dem Bau des dringend benötigten **Fischereihafens II (2)** verlagerte sich das Hauptgeschehen in die neuen Hafenbecken und 1929 wurde schließlich auch die Fischauktion in die **Auktionshalle X (3)** verlegt. Im Winter 1979 brach die Deckenkonstruktion des historischen Gebäudes unter der Schneelast zusammen, sodass eine neue Auktionshalle X gebaut werden musste. Noch heute finden dort ab und zu Fischauktionen statt.

Mit dem **Strukturwandel in der Hochseefischerei** verlor vor allem der historische Fischereihafen I seine Bedeutung. In den 1990er Jahren reif-

Fischauktion in Bremerhaven

In den 1950er Jahren lagen die Auktions-
preise für Heringe bei 16 bis 20 Pfennig.
Da es auf dem Hamburger Seefischmarkt
zum Teil bessere Preise gab, wurden die
Fischdampfer von der Reederei dorthin
dirigiert, Nach der Heringssaison wurde
ein Teil der Fischdampfer für den Frisch-
fisch-Fang umgerüstet. Jetzt ging es nach
Island, Grönland und an die norwegische
Küste, um Kabeljau, Rotbarsch und Seelachs zu fangen. Die Anreise betrug vier bis fünf Tage je nach Wetterlage und Schiffstyp.
Zehn bis zwölf Tage dauerte der Fang, dann ging es wieder nach
Bremerhaven. Die Reisen sollten nicht länger als 21 Tage dauern,
und der älteste Fisch sollte nicht älter als 16–17 Tage sein.

Von See aus wurde der Reederei die ungefähre Ankunftszeit mit-
geteilt. In der Bremerhavener Fischereihafen-Schleuse entschied
sich die Reihenfolge der Entladung. So mancher Kapitän wird wohl
vor der Schleuse nochmals die Geschwindigkeit seines Schiffes

erhöht haben, um
als erster auf dem
Markt zu sein.
Nach dem Festma-
chen war »Reise-
ende«. Zuerst kam
die Zollbehörde
an Bord und gab
das Schiff nach
Durchsicht der not-
wendigen Papiere
»zum Löschen frei«.
Kurze Zeit später
waren schon die
ersten Familienan-
gehörigen an Bord,
um ihre Söhne und
Väter abzuholen.
Der Kapitän war al-
lerdings immer mit
auf der Auktion,
wo er sich schon

Fischdampfer beim Löschen an der Halle XI

vorher über die Preise informieren konnte. Nach der Auktion hielt er dann mit den Fischhändlern noch einen kleinen Kaffeeplausch, bevor es mit dem Schiffslogbuch zum »Rapport« beim Reeder ging. Dort sprachen sie über die Auktion und die neue Reise.

Nachdem das Schiff entladen war, wurde es zur Reedereipier verholt, wo dann Proviant, eventuell neues Netz- und Fanggeschirr sowie Eis und Kohlen für die Fahrt übernommen wurden. Die neue Reise konnte beginnen.

Aus: Wilfried Brandes (Hg.): Fischauktion. Geschichten rund um die Seefischversteigerung in Bremerhaven. Bremen 2000, S. 37 f.

Die Doppelschleuse

Ebbe und Flut machten den Fischfangflotten im alten Fischereihafen das Leben schwer. So wurden bei der Erweiterung des Fischereihafens nach dem Ersten Weltkrieg die Hafenbecken tideunabhängig geplant. Über die 1925 eröffnete Doppelschleuse vor der Geestemündung mit ihren über 100 m langen Kammern gelangten die Trawler fortan in die modernen Hafenbecken. Von 1997 bis 2001 wurde die Anlage erneuert und die große Kammer auf 181 m Länge und 35 m Breite erweitert. Mit der Durchfahrt des Fischfabrikschiffs »Jan Maria« wurde die modernisierte Schleuse 2001 feierlich wieder in Betrieb genommen.

Die Doppelschleuse mit ihren zwei Kammern, Aufnahme um 1950

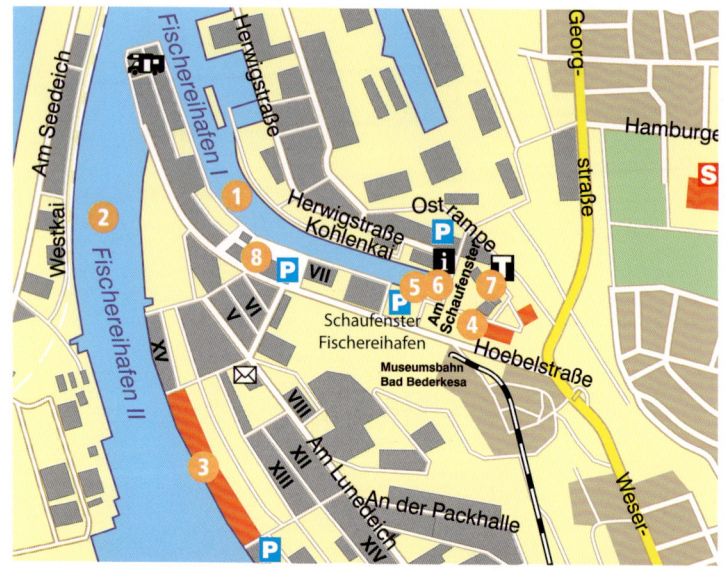

ten deshalb Pläne heran, das maritime Areal für Kultur, Freizeit und Tourismus neu zu erschließen. 1992 wurde mit der Eröffnung des **Schaufensters Fischereihafen** die Grundlage für eine neue Zukunft des Hafens gelegt. Heute ist das Areal rund um das traditionsreiche Hafenbecken ein Ort für Kultur und maritime Erlebniswelten.

Schaufenster Fischereihafen

An der Packhalle IV, Abt. 12; Tel. 0471-3010003, www.schaufenster-fischereihafen.de (bei Fragen zu Veranstaltungen).

Tourist-Info
Schaufenster Fischereihafen

Am Schaufenster 5, Tel. 0471-80936127, www.bremerhaven.de, geöffnet täglich 9.30–17 Uhr.

Kernstück des Schaufensters Fischereihafen ist die ehemalige **Fischpackhalle IV (4)**. In dem lang gestreckten Backsteinbau befinden sich gemütliche Hafenkneipen, feine Fischrestaurants, und natürlich gibt es die Möglichkeit, geräucherten, marinierten und frischen Fisch aus allen sieben Weltmeeren zu erwerben. Erhalten wurden auch zwei historische Räuchereien, in denen man

Arbeiten »im Fisch«

einen Blick in die Räucheröfen ergattern und den noch rauchwarmen Fisch für ein Picknick am Hafenbecken einkaufen kann.

In **»Fiedlers Fischmarkt anno 1906«** kann man frischen Fisch, aber auch geräucherte und eingelegte Meeresdelikatessen kaufen. In den restaurierten Räumen der ehemaligen Packhalle IV sieht es ein bisschen aus wie auf einem Fischmarkt vor fast 120 Jahren. Mit Mitteln des Europäischen Fischereifonds hat der findige Unternehmer vor seinem »Fischmarkt« sechs Fischerkaten nachbauen lassen. Ein Kolonialwarenladen, in dem es »alles außer Fisch« gibt, hilft dabei, sich mit Reisemitbringseln einzudecken.

Frischen Fisch kann man übrigens auch außerhalb des Schaufensters Fischereihafen kaufen: Ein paar Schritte weiter in Richtung Fischereihafen gibt es einige Unternehmen, die auch besten Fisch zum günstigen Preis anbieten.

Fisch ist im Schaufenster allgegenwärtig, nicht nur als kulinarischer Leckerbissen, sondern auch als Teil der Bremerhavener Geschichte. Im historischen Hafenbecken liegt mit der **FMS »Gera« (5)** der letzte deutsche Seitenfänger (das Netz wird über die Seite eingeholt) und bietet einen eindrucksvollen Einblick in das harte Leben der Besatzung. Von Seefahrerromantik ist auf den Schiffen der deutschen Hochseefischereiflotte wenig zu spüren gewesen. In den Fanggründen vor Neufundland, Island und Grönland leisteten die Männer an Bord eine harte und gefährliche Arbeit – strenge Hierarchie und schlechtes Einkommen kennzeichneten das Leben der einfachen Matrosen.

Das vom Historischen Museum Bremerhaven unterhaltene Schiff ist ein

Impressionen von einem Besuch
im Schaufenster Fischereihafen

Glücksfall: Nachdem alle westdeutschen Seitentrawler bereits verschrottet waren, bot sich nach der Auflösung der DDR die Chance, vom Rostocker Fischkombinat den zur Verschrottung bestimmten Trawler »Gera« aufzukaufen und nach Bremerhaven zu holen.

Museumsschiff FMS »Gera«

Liegeplatz Fischkai, Tel. 0471-308160, www.museumsschiff-gera.de; zahlreiche Filme und Fotos, ein Multimedia Guide, eine Datenbank mit über 1500 Fischereifahrzeugen sowie Ausstellungen lassen die Vergangenheit der Großen Hochseefischerei lebendig werden; Öffnungszeiten: April–Okt. täglich 11–18 Uhr.

Ebenfalls aus der DDR stammt der **»Salondampfer Hansa« (5)**, ein ehemaliger Eisbrecher, der nun als Restaurant dient. Nur selten im Hafenbecken anzutreffen ist die **»Heincke«** des Alfred-Wegener-Instituts für Polar- und Meeresforschung, die für längere Forschungsfahrten mit Arbeitsmöglichkeiten für zwölf Wissenschaftler konzipiert ist. Das moderne Forschungsschiff, das zweitgrößte des AWI, ist rund 250 Tage im Jahr auf hoher See, vorwiegend in der Nordsee und im Nordatlantik, um biologische, geowissenschaftliche und hydrographische Forschungsprojekte durchzuführen.

Unbedingt empfehlenswert ist eine **Hafenrundfahrt (6) durch die Fischereihäfen**, bei der man das Hafenleben mit seinen riesigen Fischhallen und dem Werftquartier sowie das Modellprojekt Wasserstoffpark »Grünes Gas für Bremerhaven« hautnah erleben kann.

Hafenrundfahrt Fischereihafen

Die Barkasse MS »Dorsch«, mit der bislang die Rundfahrten durch den Fischereihafen durchgeführt wurden, ist inzwischen stillgelegt. Sie soll aber zeitnah durch einen Nachfolger ersetzt werden.

Kulturelles Zentrum im Schaufenster Fischereihafen ist das **Forum Fischbahnhof (7)**. Tatsächlich besteht das Gebäude im Kern aus dem historischen Fischbahnhof, der an seinem ursprünglichen Standort demontiert und an dieser Stelle wieder aufgebaut wurde. Im Inneren finden sich zahlreiche Attraktionen, wie das **Fischkochstudio**. Die Gäste werden hier in einem einstündigen Kochvortrag mit den Raffinessen der Fischzubereitung vertraut gemacht. Im Anschluss an die Einführung durch einen Koch können die Besucher ein Fisch-Buffet in den Räumen des Kochstudios genießen.

Fischkochstudio

Am Schaufenster 6, Tel. 0471-9323321, www.fischkochstudio.de; aktuelle Termine und Tickets auf der Website.

In der Inszenierung »Fischbahnhof 360°« können Besucher auf einer audiovisuellen, raumfüllenden Reise Fischer auf einem Fangschiff begleiten und in die Unterwasserwelt der Fischschwärme abtauchen. Frühere und moderne Fang- und Verarbeitungstechniken werden gegenübergestellt und mit neuester 360°-Technik auf eindrucksvolle Art und Weise erlebbar gemacht. Besucher können zudem mehr über Fischereiforschung, Fischereipolitik, nachhaltige Fischerei und natürlich die Fische selbst erfahren.

Fischbahnhof 360°

Am Schaufenster 6, Tel. 0471-932330, www.fischbahnhof360.de; Öffnungszeiten: Mo–Fr 10–14 Uhr; für den Besuch mind. 45 Min. einplanen.

Statt Fisch gibt es im **TiF Theater im Fischereihafen** reichlich Kultur. Die 1996 gegründete Bühne hat sich als Spielbetrieb für Kleinkunst, Konzerte, experimentelles Theater und Gastspielbetrieb einen Namen gemacht und bereichert das vielfältige Angebot des Schaufensters mit einer bunten Kulturmischung. Im maritimen Ambiente am Hafenbecken ist der Besuch im TiF ein besonderes Erlebnis.

TiF Theater im Fischereihafen

Am Schaufenster 6, Tel. 0471-9313136 (Büro), Ticket-Tel. 0471-9323344; www.tif-bremerhaven.de.

Zwischen Fischkai und **Natusch**, dem legendären Fischrestaurant im Fischereihafen, nur wenige Schritte vom Schaufenster entfernt, befindet sich die preisgekrönte Erlebnisausstellung **Phänomenta (8)**, die 2018 mit dem NordWest Award ausgezeichnet wurde. In einer ehemaligen Gewürzlagerhalle gibt es dort an 80 interaktiven Experimentierstationen verschiedene naturwissenschaftliche Phänomene zum Ausprobieren und spielerischen Erlernen. Neben der ständigen Ausstellung bietet das Science-Center spezielle Workshops, Mitmach-Aktionen und Veranstaltungen für Kinder und Jugendliche an. Jüngstes Phänomenta-Angebot ist die »Werkstatt für Alle«, mit der die Bildungsarbeit um ein gestaltend-handwerkliches Angebot erweitert wird.

PHÄNOMENTA Bremerhaven

Hoebelstr. 24, Tel. 0471-413081, www.phaenomenta-bremerhaven.de; Öffnungszeiten: Mi–Fr 13–18 Uhr, Sa/So 10–18 Uhr (Einlass bis 17 Uhr).

Im historischen Teil des über 100 Jahre alten Fischereihafens ist als maritime Attraktion das »Schaufenster Fischereihafen« entstanden.

Typisch Fischtown

»Füschtown«
Eishockey mit den Fischtown Pinguins
Korbjagd mit den Eisbären
Moin Bremerhaven!
Die Hochschule am Meer

»Füschtown«

Wenn ich irgendwo im Alpenvorland bin und im Gespräch mit einem Einheimischen meine Herkunft offenlege, kommt fast immer die Frage: »Bei Ihnen wird doch richtig Hochdeutsch gesprochen, oder?« Ich antworte dann ungefähr so: »Hochdeutsch schon, aber richtig? Nicht immer und nicht von allen.« Und dann erkläre ich ausführlich, weshalb die Bremer und die Bremerhavener keine Chance hätten, als Sieger aus den Hochdeutschen Meisterschaften hervorzugehen.

Besonders interessant finden die Einheimischen stets eine norddeutsche Besonderheit, an der auch ich schon lange meine Freude habe: Zwischen Bremen und Wremen wird der Fisch zum »Füsch« und das Schiff zum »Schüff«. Das erkläre ich den Alpenvorländlern damit, dass diese zwei Wörter in unseren Breiten so oft benutzt werden wie nirgendwo sonst in Deutschland. Und dass dadurch die Aussprache dieser Wörter im Laufe der Jahrhunderte etwas unsauber geworden ist.

Die Sprachwissenschaftler nennen diese Eigenart übrigens »nordseenahe Vokaltrübung«, der Laie spricht bildhafter vom »Küsten-Ü«. Wenn ich an diesem Punkt meiner Erläuterungen angekommen bin, schauen die Süddeutschen für gewöhnlich ungläubig.

Der Kolumnist Bernd Meier
im »Weser-Kurier«

Eishockey mit den Fischtown Pinguins

Das »Freudenhaus« Bremerhavens befindet sich zwar in Reichweite des Hafens, ist aber keine Hafenkaschemme, sondern die 2011 eröffnete **Eisarena am Wilhelm-Kaisen-Platz**. Grizzlys Wolfsburg hin, Hannover Scorpions her – das eishockeyverrückteste Publikum des Nordens findet man in Bremerhaven. Die Fischtown Pinguins besitzen Kultstatus in der Seestadt: Woche für Woche wird hier in zumeist ausverkaufter Halle eine Eishockeyparty gefeiert, die in ganz Deutschland ihresgleichen sucht.

Bereits seit Ende der 1970er Jahre wird in Bremerhaven Eishockey auf Profiniveau gespielt; lange, lange Jahre in der zweithöchsten Spielklasse, die im Laufe der Zeit unterschiedliche Namen trug. Die treuen Fans der Pinguins erlebten die eine oder andere Achterbahnfahrt mit ihrer Mannschaft, vom möglichen Aufstieg in die Eliteliga des deutschen Eishockeys bis hin zum gerade noch abgewendeten Abstieg in die Drittklassigkeit. Von 2013 bis 2016 spielte der Klub in der DEL2, seit 2016 mischen die Pinguins als nördlichster Klub der Republik in der DEL mit – und das mit beachtenswertem Erfolg.

Gleich in ihrer ersten Spielzeit in der DEL zogen die Bremerhavener ins Viertelfinale der Play-offs ein. Auch in der darauffolgenden Spielzeit schafften die Pinguins es in die Play-offs, während sie 2018/19 in der Qualifikation scheiterten.

Nach Wiederaufnahme des Spielbetriebs, der gegen Ende der Saison

2019/20 aufgrund der Corona-Krise unterbrochen worden war, erreichten die Pinguins auch 2020/21 und 2021/22 jeweils wieder das Viertelfinale der Play-offs.

Fischtown Pinguins Bremerhaven
Eisarena, Wilhelm-Kaisen-Platz 1, Tel. 0471-5917800; www.fischtown-pinquins.de.

Korbjagd mit den Eisbären

Die Bundesliga-Basketballer der Eisbären zählen – neben den Eishockey-Cracks der Fischtown Pinguins – zu den sportlichen Aushängeschildern der Seestadt. Daran konnte auch der Abstieg in der Saison 2018/19 nichts ändern. Unter dem Litauer Šarūnas Sakalauskas stiegen die Eisbären 2005 in die deutsche Eliteliga auf, erwiesen

sich als würdiger Aufsteiger, ärgerten die Großen insbesondere im »Eisbärenkäfig« in Bremerhaven und zogen mehrfach sowohl in die Play-offs um die Meisterschaft als auch in die Endrunde des DBB-Pokals ein.

Doch dann folgten eher bittere Jahre: Dem Abstieg als Tabellenletzter der Saison 2008/09 entgingen die Bremerhavener nur am »Grünen Tisch«. Fortan dümpelten die Eisbären – mit Ausnahme des überraschenden Einzugs in das Halbfinale 2009/10 – überwiegend im Niemandsland der Tabelle oder gar in den unteren Tabellenregionen herum. Die Fans litten mit ihren Idolen, aber unterstützten sie weiter vorbildlich. Und das, obwohl inzwischen reichlich Chaos herrschte im Klub und sich Trainer und Manager die Klinke in die Hand gaben.

Nach dem Abstieg 2019 spielten die Eisbären in der 2. Bundesliga ProA, wo sie bis zum Abbruch des Spielbetriebs aufgrund der Corona-Krise im März 2020 Platz zwei belegten. Rein sportlich hatten die Bremerhavener damit den Wiederaufstieg in die Bundesliga geschafft, entschieden sich aber, vorerst in der 2. Liga weiterzuspielen.

Eisbären Bremerhaven
Amerikaring 11, Tel. 0471-4838290;
www.dieeisbaeren.de.

Moin Bremerhaven!

Bremen liegt an der Weser, Bremerhaven liegt am Meer. Deshalb heißt die Tageszeitung in Bremen »Weser-Kurier« und die in Bremerhaven … na klar: **»Nordsee-Zeitung«**. Und der in der gesamten Region übliche Gruß steht in Bremerhaven als Überschrift über den täglichen Kolumnen: »Moin«.

Die Blätter aus Bremen und Bremerhaven haben noch mehr gemeinsam: Beide sind in ihren Städten die Platzhirsche, ähnlich wie der »Weser-Kurier« hat auch die »Nordsee-Zeitung« keine Konkurrenz. Und so wie das Bremer Blatt ist auch die »Nordsee-Zeitung« eine Regionalzeitung: eine Zeitung für die Stadt und für das Umland; für Bremerhaven sind dies die Landkreise Cuxhaven und Wesermarsch. Auch die »Nordsee-Zeitung« lebt im wesentlichen von ihren treuen Kunden: 87 % der Exemplare gehen an die Abonnenten.

Wie bei allen deutschen Tageszeitungen ist auch die Auflage der »Nordsee-Zeitung« in jüngster Zeit stark gesunken. Aber trotz der schwierigen wirtschaftlichen Situation der Stadt und der damit verbundenen großen Zahl Arbeitsloser – in den vergangenen Jahren lag die Quote stets um die 12 Prozent – waren die Verluste in Bremerhaven keineswegs größer als in anderen Städten. Im Jahr 2000 wurden mehr als 70.000 Nordsee-Zeitungen verkauft, Anfang 2020 waren es noch 45.000. Zum Vergleich: Der Bremer »Weser-Kurier« verkauft zwar knapp 120.000 Exemplare, die Stadt hat aber auch fünfmal so viele Einwohner wie Bremerhaven.

»Seit 1895 segeln wir traditionell auf Kurs Zukunft«, ist auf der Homepage der »Nordsee-Zeitung« zu lesen. Auf dem Segel, um im Bild zu bleiben, stand allerdings zunächst »Nordwest-

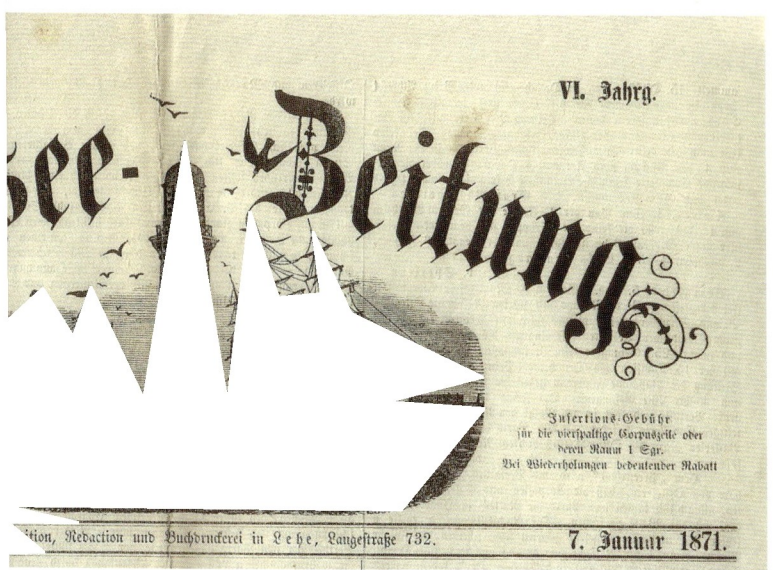

Titelblatt der Nordsee-Zeitung vom 7. Januar 1871 aus Lehe (Bremerhaven-Lehe)

deutsche Zeitung«. Erst 1947 wurde aus der Nordwestdeutschen die »Nordsee-Zeitung Bremerhaven«. Der neue Name war im Grunde ein alter: Schon von 1866 bis 1901 hatte es in Bremerhaven eine »Nordsee-Zeitung« gegeben.

Die Geschichte der Zeitung ist untrennbar verbunden mit dem Namen Ditzen. Josef Ditzen hatte die »Nordwestdeutsche« 1895 mitgegründet, er prägte die Zeitung als Chefredakteur und Verlagsleiter, sein Sohn Kurt übernahm 1931. Zwei Jahre nach dem Ende des Zweiten Weltkriegs erschien, mit der Lizenz der amerikanischen Militärbehörde, die neue »Nordsee-Zeitung«. 1970 übernahm Adoptivsohn Joachim Ditzen-Blanke die Geschäftsleitung, 1997 folgte dessen Ehefrau Roswitha, 2012 dann Sohn Matthias. Die »Nordsee-Zeitung« hat sich schon vor fast 50 Jahren mit anderen Verlagen zusammengetan. Das Ergebnis war eine Gemeinschaft, wie sie jede Regionalzeitung braucht, wenn sie sich trotz sinkender Auflage auf dem Markt behaupten will. So liefern die Bremerhavener heute den Mantel, also die überregionalen Seiten Politik und Wirtschaft, Sport und »Blick in die Welt«, für acht kleine Zeitungen an der Nordsee und im Hinterland zwischen Weser und Elbe. Auch den digitalen Sprung ins 21. Jahrhundert hat die Traditionszeitung bravourös gemeistert: »Moin Bremerhaven« ist als E-Paper online gegangen!

Bernd Meier

Nordsee-Zeitung Bremerhaven

Pressehaus Hafenstr. 140 (27576),
Abo-Service: Tel. 0471-597333,
Redaktion: Tel. 0471-597270
www.nordsee-zeitung.de.

Die Hochschule am Meer

Die 1975 gegründete Hochschule Bremerhaven hat mit den Schwerpunkten Technologie- und Informatikausbildung wichtige Nischen besetzt und sich einen Namen in der bundesdeutschen Hochschullandschaft gemacht. Sie setzt offensiv auf gute Lehre und bildet Nachwuchskräfte vor allem auch in zukunftsweisenden Gebieten wie Bio- und Lebensmitteltechnologie, Process Engineering und maritime Technologien aus.

Der Erweiterungsbau der Hochschule, 2004 von den Architekten Kister, Scheithauer und Gross (Köln) geplant, wurde 2006 mit dem Preis des Bundes Deutscher Architekten ausgezeichnet. Rund um diesen Wissenschaftspool sind in den letzten Jahren zahlreiche High-Tech-Institute entstanden, wie beispielsweise das BioNord (Zentrum für Biotechnologie), das Bremerhavener Institut für Gesundheitstechnologien (BIGT) oder das Bremerhavener Institut für Biologische Informationssysteme (BIBIS). Derzeit gibt es hier über 3600 Studierende.

Hochschule Bremerhaven
An der Karlstadt 8, Tel. 0471-48230; www.hs-bremerhaven.de.

Abends bunt beleuchtet: der Radarturm

Von A bis Z

Informationen von A–Z
Orts- und Sachregister
Impressum

Infos von A–Z

Die Vorwahl für Bremerhaven ist 0471.

Allgemeine Infos

Web: www.bremerhaven-tourism.de
Facebook: www.facebook.com/bremerhavenerleben
Instagram: @bremerhaven_erleben
Pinterest: @Bremerhaven_erleben
Twitter: @BremerhavenInfo
YouTube: @erlebnisbremerhaven
Blog: www.logbuch-bremerhaven.de

Anreise

Bremerhaven erreicht man über die A 27 von Bremen kommend (ca. 60 km nördlich von Bremen). Ebenfalls über Bremen reist man mit der Deutschen Bahn an. Kreuzfahrtschiffe machen am Kreuzfahrt-Terminal »Columbus Cruise Center« (CCCB) fest, knapp 2 km vom Zentrum entfernt.

Auskunft

Tourist-Infos Bremerhaven
Zentrale Anlauf- und Informationsstelle für Bremerhaven und das Umland. Beratung, Eintritts- und Fahrkarten, Kartenvorverkauf, Souvenirverkauf und Unterkunftsvermittlung. **TouristTel. 414141**, E-Mail: touristik@erlebnisbremerhaven.de.
Tourist-Info Hafeninsel, H.-H.-Meier-Str. 6 (27568), Tel. 80936121,

E-Mail: Tourist-Info-HI@erlebnis-bremerhaven.de, Öffnungszeiten: täglich 9.30–17 Uhr.

Tourist-Info Schaufenster Fischereihafen, Am Schaufenster 5 (27572), Tel. 80936123, E-Mail: Tourist-Info-SF@erlebnis-bremerhaven.de, Öffnungszeiten: täglich 9.30–17 Uhr.

TouristCenter Hafeninsel, H.-H.-Meier-Str. 6, Tel. 80936100, E-Mail: touristik@erlebnis-bremerhaven.de, Bürozeiten: Mo–Do 8–16.30 Uhr, Fr 8–15.30 Uhr.

Aussichtspunkte

Aussichtsplattform SAIL City, Am Strom 1 (27568), Tel. 309900, www.atlantic-hotels.de; Öffnungszeiten: April–Sept. 9–21 Uhr, Okt.–März 10–17 Uhr, letzte Auffahrt 30 Min. vor Schließung der Aussichtsplattform (kostenpflichtig).

Besuchergalerie am Kreuzfahrt-Terminal, Columbuskaje 1 (27568), Tel. 9026250, www.cruiseport.de, Infozentrale geöffnet Mo–Fr 9–15 Uhr. Die Galerie ist während der Öffnungszeiten des Columbus Cruise Centers und an den An- und Abfahrtstagen der Kreuzfahrtschiffe 9–21 Uhr zugänglich.

Container-Aussichtsturm, An der Nordschleuse (27568), zwischen Nordschleuse und Verbindungshafen; Öffnungszeiten: täglich 8–18 Uhr; Eintritt frei. Bietet einen wunderbaren Ausblick über den Hafen.

Radarturm mit Aussichtsplattform, Am Alten Vorhafen 1 (27568), Tel. 48350, www.wsa-weser-jade-nordsee.wsv.de/webcode/2199488. Derzeit leider nicht begehbar.

Ärztliche Hilfe

siehe Notrufnummern und Krankenhäuser

Baden

BAD 1/Spaßbad, Kurt-Schumacher-Str. 14 (27578), Tel. 3003910, www.baeder-bhv.de; Öffnungszeiten: Mo–Sa 8–21 Uhr, So 8–20 Uhr, Badeschluss 30 Min. vorher. Familien-Spaßbad mit 72 m langer Rutsche und vielen Attraktionen.

BAD 2/Wellnessbad, Schillerstr. 144 (27570), Tel. 3003920, www.baeder-bhv.de; Öffnungszeiten: Mo–Fr 8–22 Uhr, Sa/So 8–20 Uhr, Badeschluss 30 Min. vorher. Badelandschaft mit Schwerpunkt Wellness und großer Saunalandschaft.

BAD 3/Stadionbad, Am Stadion 10 (27580), Tel. 3003930, www.baeder-bhv.de; Öffnungszeiten: Mo–Fr 6–8 Uhr, Mo/Mi 19–21 Uhr, Sa 8–11 Uhr, Badeschluss 15 Min. vorher. Modernes Wettkampf- und Trainingsbad für Frühschwimmer und Sportskanonen.

Freibad Grünhöfe, Marschbrookweg 135 (27574), Tel. 3003950, www.baeder-bhv.de; Öffnungszeiten: Mai–Sept. Mo–Fr 6.30–9.30 Uhr, 12–20 Uhr, Sa/So 11–19 Uhr, Badeschluss 30 Min. vorher. Beheiztes Trimmbecken mit 50 m-Bahnen, Breitwasserrutsche, Kinderspielplatz und großzügige Liegewiese.

Weser-Strandbad, Am Alten Vorhafen (27568), Tel. 3003940, www.baeder-bhv.de; Öffnungszeiten: Mai–Sept. täglich 10–20 Uhr. Bei schlechtem Wetter geschlossen. Das benachbarte Café »Seelust« öffnet ab 12 Uhr je nach Wetterlage, Tel. 9418807.

Aufgepasst: Das Baden in der Weser ist aus Sicherheitsgründen verboten! Für Kinder gibt es einen Wasserspielplatz.

Camping
Campingplatz havencamp Bremerhaven, Bürgermeister-Smidt-Str. 209 (27568), Tel. 3096690, www.havencamp.de; Öffnungszeiten: ganzjährig 6 – 22 Uhr, Platzservice über Rezeption des havenhostel Bremerhaven.
Camping- und Ferienpark Spadener See, Seeweg 2, 27619 Spaden, Tel. 30836456, www.campingplatz-spadener-see.de; ganzjährig geöffnet, Platzservice Mo / So 10 – 13 Uhr, 15 – 18 Uhr.
FKK Campingplatz, Lichtbund-Unterweser e. V., Sellstedter Str. 77, 27619 Schiffdorf, Tel. 01515-6859007, www.lbu-bremerhaven.de; geöffnet 15. April – 15. Okt., Rezeption 10 – 16 Uhr. Anmeldung 3 Tage vor Anreise erforderlich.

Reisemobil-Stellplätze
Reisemobil-Stellplatz Doppelschleuse, An der neuen Schleuse 15 (27570), Tel. 0172-4103687; ganzjährig geöffnet, Platzservice täglich 8 – 13 Uhr, 13.30 – 16 Uhr. 63 Stellplätze, Stromanschluss, Servicestation mit WC, Duschen, Frischwasser und Entsorgungsmöglichkeiten.
Reisemobil-Stellplatz Fischkai, Hoebelstr. 52 (27572), Fischereihafen I, Tel. 80936153; geöffnet März – Jan., Platzservice März – Okt. täglich 8 – 11 Uhr, 14 – 17 Uhr, Nov. – Jan. 8 – 13 Uhr. 47 Stellplätze, Stromanschluss, Servicestation mit WC, Duschen, Frischwasser und Entsorgungsmöglichkeiten.

Fahrradverleih
RadStation Schaufenster Fischereihafen, Am Schaufenster 5 (27572), und **RadStation havenwelten Bremerhaven**, H.-H.-Meier-Str. 6, Tel. 80936123, aktuelle Preise und Öffnungszeiten unter www.mietrad-bremerhaven.de; Fahrradverleih, Segway-Vermietung, Zubehör, E-Bikes, Anhänger, Bollerwagen, Reparaturservice, Fahrradzubehör, Radwanderkarten, Gepäckaufbewahrung. Auch Infos rund ums Radfahren an der Küste.

Führungen
Die Touristik Bremerhaven bietet verschiedene Führungen für Gruppen an. Online gibt es einen Audioguide für einen Rundgang durch die Havenwelten. Information und Buchung: Erlebnis Bremerhaven GmbH, Bremerhaven Touristik & Tourist-Infos, H.-H.-Meier-Str. 6 (27568), Tel. 80936100, E-Mail: touristik@erlebnis-bremerhaven.de.

Gastronomie (Auswahl)
Alt Bremerhaven, Prager Str. 47 – 49 (27568), Tel. 46995, www.alt-bremerhaven.de. Bremerhavens älteste Gastwirtschaft.
B'Haven, An der Packhalle IV 2 (27572), Tel. 9481424, www.b-haven.de. Junges Restaurant für traditionelle Fischgerichte, aber auch neue und exotische Geschmackserlebnisse.
Café & Bistro Übersee, Am Leuchtturm 1 (27568), Tel. 14286963. Freundliches und modernes Bistro im Boardinghouse »Im Jaich Bremerhaven«, gelegen diekt am Yachthafen.
Dock IV, An der Packhalle IV 4 (27572), Tel. 3010945. Junges Restaurant mit

saisonal-regionaler Speisekarte und wöchentlich wechselnder Mittagskarte.

Fiedlers Kombüse, An der Packhalle IV 11 (27572), Tel. 9322351. Selbstbedienungsrestaurant in originellem Ambiente. Nicht nur Fisch!

Fisch 2000, An der Packhalle VI 2 (27572), Tel. 75062, www.fisch2000.de. Fisch-Direktverkauf mit angeschlossenem Imbiss in typischer Atmosphäre.

Dat Fischhus, An der Packhalle IV 9 (27572), Tel. 9313084. Modern eingerichtetes Fischrestaurant am Schaufenster Fischereihafen.

Krohns Eck, An der Packhalle IV 4 (27572), Tel. 73552. Maritime Hafenkneipe mit Biergarten.

Der Kutterfischer, An der Packhalle IV 6 (27572), Tel. 9322352, www.kutterfischer.de. Einfaches maritimes Bistro, das zur rustikalen Pause einlädt.

Lloyds, H.-H.-Meier-Str. 6a (27568), Tel. 9218266, www.daslloyds.de. Café, Restaurant und Bistro für ein knuspriges Steak, einen Kaffee oder den Cocktail am Abend direkt am Neuen Hafen.

Martin's Fisch & mehr, Keilstr. 16 (27568), Tel. 45661, www.martins-fischundmehr.de. Regionale, saisonale Fischgerichte in maritimer Atmosphäre.

Natusch, Am Fischbahnhof 1 (27572), Tel. 71021 / 22, www.natusch.de. Traditionsrestaurant der gehobenen Klasse mit originalem Schiffsinnenausbau, bekannt für seine exzellenten Fisch-Kreationen. Unbedingt reservieren!

Panorama, Am alten Vorhafen 8 (27568), Tel. 95109237, www.panorama-am-deich.de. Restaurant, Café und Bar am Weserdeich mit windgeschützter Terrasse.

Pier 6, Barkhausenstr. 6 (27568), Tel. 48364080, www.restaurant-pier6.de. Gehobene Küche in bester Lage.

Restaurant Strom im Atlantic Hotel Sail City, Am Strom 1 (27568), Tel. 30990533, www.restaurant-strom.de. Etwas feineres Restaurant im 4-Sterne-Hotel Atlantic mit toller Aussicht. Sa / So 11 – 13 Uhr Genießerfrühstück.

Restaurantschiff Klibfisch, Am Neuen Hafen (27568), Tel. 0171- 3818703, www.klibfisch.de. Imbiss auf einem alten Fischkutter, der gegenüber vom Auswandererhaus festgemacht hat. Leckerer Backfisch zu fairen Preisen.

Salondampfer »Hansa«, Am Schaufenster Fischereihafen (27572), Tel. 49801, www.salondampfer-hansa.de. Gastronomie im Ambiente der Schnelldampferepoche der 20er Jahre.

Speisesaal, Gastronomie im Deutschen Auswandererhaus, Columbusstr. 65 (27568), Tel. 90220121, www.dah-bremerhaven.de/speisesaal. Historie trifft auf Neuzeit. Auswanderergerichte und amerikanische Köstlichkeiten im Speisesaal-Flair der großen Ozeanliner des letzten Jahrhunderts.

Strandhalle Bremerhaven, H.-H.-Meier-Str. 3 (27568), Tel. 46061, www.strandhalle-bremerhaven.de. Restaurant, Café, Terrasse und Buffet auf dem Weserdeich im nostalgischen Dampferstil.

Takelage, An der Packhalle IV 5 (27572), Tel. 9313507, www.takelage-bremerhaven.de. Einerseits gemütliches Bistro, andererseits stilvoll maritim eingerichtetes Restaurant. Mit Terrasse.

Treffpunkt Kaiserhafen – Die Letzte Kneipe vor New York, Franziusstr. 92 (27568), Tel. 42219, www.treffpunktkaiserhafen.de. Maritime Gaststätte mit Kultstatus und großem Salzwasseraquarium im Gastraum.

Villa Seebeck, Deichstr. 15 (27568), Tel. 97167901, www.villa-seebeck.de.

Restaurant und Café in einer umgebauten Villa mit Blick auf die Geeste.

Der Wasserschout, Van-Ronzelen-Str. 4 (27568), Tel. 8004654, www.wasserschout-bremerhaven.de. Maritimes Lokal im ehemaligen Schleusenwärterhaus mit Terrasse und Blick auf den Museumshafen.

Golf

Golfclub Bremerhaven Geestemünde, Georg-Büchner-Str. 19 (27574), Tel. 926897913, www.golfclub-bremerhaven.de. Zwischen Bürgerpark und A 27 liegt die 18-Loch-Anlage des Bremerhavener Golfclubs. Gäste zahlen für das Greenfee ab 30 Euro für 9 Löcher, ab 45 Euro für 18 Löcher (Platzreife erforderlich).

Hafenrundfahrten

Der HafenBus

(Fahrtdauer ca. 120 Min.) **1. Zustieg**: Schaufenster Fischereihafen, beim Nordsee Hotel. **2. Zustieg**: Havenwelten, direkt vor dem Deutschen Schifffahrtsmuseum. **Tickets**: online und in den Tourist-Infos Hafeninsel und Schaufenster Fischereihafen bis spätestens 2 Std. vor Abfahrt; Tel. 80936100.

»Dicke Pötte Tour« mit MS »Geestemünde«

(Fahrtdauer ca. 120 Min.) Die Weserrundfahrt führt entlang der Skyline Bremerhavens bis zur Nordmole des Containerterminals. **Abfahrt**: Anlegestelle Neuer Hafen, Westseite. **Tickets**: Über die Reederei Weserfähre (Tel. 3003600) oder bei den Tourist-Infos Bremerhaven (Tel. 80936100).

Hafenrundfahrt Fischereihafen

Die Barkasse MS »Dorsch«, mit der bislang die Rundfahrten durch den Fischereihafen durchgeführt wurden, ist inzwischen stillgelegt. Sie soll aber zeitnah durch einen Nachfolger ersetzt werden.

Hafenrundfahrt mit »Lady Sunshine« und »Hein Mück«

(Fahrtdauer ca. 60 Min.) Die Rundfahrt mit den Glasdachschiffen führt durch: Neuer Hafen, Kaiserhäfen, Verbindungshafen und Wendebecken. **Abfahrt**: Anlegestelle am Südende des Neuen Hafens, neben dem Deutschen Auswandererhaus. Tickets: HaRuFa Ticketcenter, H.-H.-Meier-Str. 4, Tel. 415850, www.hafenrundfahrt-bremerhaven.de.

Börteboot »Lottjen«

Auf Anfrage bietet mit dem »Lottjen« ein originales Helgoländer Börteboot mit ehrenamtlicher Besatzung verschiedene Rund- und Sonderfahrten für Gruppen an, zum Beispiel eine Bremerhavener Leuchtturm-Tour. www.lottjen.com, Tel. 0152-56173537.

Helgolandfahrt ab Bremerhaven mit Katamaran MS »Nordlicht I«

(Fahrtdauer ca. 2 Std.) Reederei Cassen Eils GmbH, Bei der Alten Liebe 12, 27472 Cuxhaven, Tel. 04721-667600, www.cassen-eils.de; von Juni – Sept. immer montags und dienstags. **Abfahrt**: Seebäderkaje, Willy-Brandt-Platz (27568). Tickets und weitere Infos auf der Website.

Weserfahrt mit MS »Oceana«, Bremen – Bremerhaven – Bremen

Hal över Bremer Fahrgastschifffahrt GmbH, Schlachte 2, 28195 Bremen,

Tel. 0421-338989, www.hal-oever.de; Fahrten von Mai–September. Von Bremen ab Martinianleger um 8.30 Uhr über Pier 2, Mittelsbüren, Vegesack, Blumenthal, Farge, Brake, Nordenham Unionpier bis Bremerhaven Seebäderkaje und zurück (Abfahrt 15.15 Uhr, Ankunft Bremen Martinianleger um 19 Uhr). Fahrradmitnahme möglich. Tickets auf der Website.

Ab Mai besteht auch die Möglichkeit, mit der MS »Oceana« in Bremerhaven eine Weserrundfahrt entlang der **Container-Terminals und der Seehundbänke** auf Langlütjensand zu unternehmen; Abfahrt 13 Uhr ab Seebäderkaje (Dauer ca. 90 Min.).

Weserfähre Bremerhaven –Nordenham (Blexen)

Weserfähre GmbH, Zur Hexenbrücke 11 (27570), Tel. 3003600, www.weserfa-ehre.de. **Fähranleger**: An der Geeste (27570). Werktags verkehrt die Fähre im 20-Minuten-Takt, am Wochenende fahren die Schiffe alle 40 Minuten. Fahrtzeit: 12 Minuten.

Hotels (Auswahl)

Atlantic Hotel am Flötenkiel, Nordstr. 80 (27580), Tel. 806260, www.atlantic-hotel-amfloetenkiel.de; modernes 3-Sterne-Hotel mit individuellem Stil im Stadtteil Lehe.

ATLANTIC Hotel SAIL City, Am Strom 1 (27568), Tel. 309900, www.atlantic-hotels.de; wegen seiner Ähnlichkeit mit einem Luxushotel in Dubai wird das moderne Hotel direkt am Weserdeich augenzwinkernd auch »Burj al Bremerhaven« genannt.

Nautic Hotel, Stresemannstr. 110 (27576), Tel. 95500, www.nautichotels.com; modernes und freundliches

Hotel in unmittelbarer Nähe zur Arena der Fishtown Pinguins.

Best Western Plus Hotel, Fischkai 2 (27572), Tel. 80935300, www.best-western.de; modernes Designhotel am Fischereihafen mit 94 Zimmern.

City Hotel, Schillerstr. 8 (27570), Tel. 924670, www.city-hotel-bremerhaven.de; nahe dem historischen Holzhafen gelegen, ist das familiär geführte Haus das erste Hotel stadteinwärts vom Hbf.

Havenhostel Bremerhaven, Bürgermeister-Smidt-Str. 209 (27568), Tel. 3096690, www.havenhostel.de; jugendliches Hotel mit Ein- und Mehrbettzimmern zwischen Kaiserhafen und Innenstadt.

Hotel Adena, Am Leher Tor 2 (27568), Tel. 8001990, www.hotel-adena.de; vom Hotel braucht man ca. 20 Minuten zu Fuß in die Innenstadt und zu den touristischen Highlights der Havenwelten.

Hotel Amaris, Elbestr. 18 (27570), Tel. 9020770, www.hotel-amaris.de; Schwesterhotel des Adena im Stadtteil Geestemünde mit 33 geräumigen und komfortablen Zimmern.

Hotel Am Theaterplatz, Schleswiger Str. 3–5 (27568), Tel. 42620, www.hotel-am-theaterplatz.de; kleines und einfaches Privathotel im Herzen der Stadt.

Hotel »An der Karlstadt«, An der Karlstadt 35 (27568), Tel. 42021, www.hotel-an-der-karlstadt-bremerhaven.de; traditioneller Familienbetrieb im Herzen der Stadt, im denkmalgeschützen Haus mit Seefahrerkneipe und Kombüse. Die meisten Sehenswürdigkeiten befinden sich in unmittelbarer Nähe.

Hotel Columbus, Lange Str. 141–145 (27580), Tel. 95440, www.columbus-hotel.de; traditionsreiches Mittelklassehotel in ruhiger, aber zentraler Lage.

Hotel »Wurster Kroog«, Wurster Str. 64 (27580), Tel. 81888, www.bremerhaven-hotel.com; 3-Sterne-Hotel mit 12 Zimmern im Stadtteil Lehe.

Hotel Haverkamp, Prager Str. 34 (27568), Tel. 48330, www.hotel-haverkamp.de; 4-Sterne-Privathotel mit Schwimmbad und Sauna. Alle Sehenswürdigkeiten sind nur wenige Gehminuten vom Hotel entfernt.

im jaich Boardinghouse Bremerhaven, Am Leuchtturm 1 (27568), Tel. 1428690, www.im-jaich.de; das Boardinghouse Bremerhaven liegt zentral am Neuen Hafen. Appartements, Junior- und Kapitänssuiten mit Hafen-/Weserblick und Pantryküche.

im jaich Hotel Bremerhaven, Am Neuen Hafen 19 (27568), Tel. 97166330, www.im-jaich.de; zentrale Lage inmitten der »Havenwelten«, moderne Zimmer mit Ausblick auf den Yachthaven, die Weser oder den Deich.

Nordsee Hotel Bremerhaven City, Theodor-Heuss-Platz 14–18 (27568), Tel. 90083600, www.nordseehotels.com/city; Traditionshaus, nur einen Steinwurf von den Havenwelten entfernt. Von außen kein Schmuckstück, aber innen komplett renoviert.

Nordsee Hotel Bremerhaven Fischereihafen, Am Schaufenster 7 (27572), Tel. 93200, www.nordseehotels.com/fischereihafen; das Haus verfügt über 116 komfortable Zimmer – und das direkt am historischen Fischereihafen mit seiner kompletten touristischen Infrastruktur.

Schulschiff Deutschland, Barkhausenstr. 4 (timePort III) (27568), Tel. 30055597, www.schulschiff-deutschland.de; der Dreimaster von 1927 mit 30 Außenkammern mit echten Kojen bietet eine ganz besondere Atmosphäre. Auf dem Schiff finden auch Hochzeiten statt, und es können Räume für Feierlichkeiten angemietet werden.

Kino
CineMotion, Karlsburg 1 (27568), Tel. 1428920, www.bremerhaven.cinemotion-kino.de.

Krankenhäuser
Ärztlicher / Kinderärztlicher Notfalldienst, Tel. 116117
AMEOS Klinikum Am Bürgerpark, Tel. 1820
AMEOS Klinikum Mitte Bremerhaven, Tel. 48050

Museen / Galerien
BIK Galerie 149, Bürgermeister-Smidt-Str. 149 (27568), Tel. 414639, www.galerie-149.de; Öffnungszeiten: ganzjährig Mi – Fr 15 – 18 Uhr.
Deutsches Auswandererhaus, Columbusstr. 65 (27568), Tel. 902200, www.dah-bremerhaven.de; Öffnungszeiten: März – Okt. täglich 10 – 18 Uhr, Nov. – Feb. täglich 10 – 17 Uhr.
Historisches Museum Bremerhaven, An der Geeste (27570), Tel. 308160, www.historisches-museum-bremerhaven.de, geöffnet Di – So 10 – 17 Uhr.
Klimahaus® Bremerhaven, Am Längengrad 8 (27568), Tel. 9020300, www.klimahaus-bremerhaven.de; Öffnungszeiten: täglich 10 – 18 Uhr.
Kunsthalle Bremerhaven, Karlsburg 4 (27568), Tel. 9586106, www.kunstverein-bremerhaven.de; Öffnungszeiten: Di – Fr 11 – 18 Uhr, Sa / So 11 – 17 Uhr.
Kunstmuseum Bremerhaven, Karlsburg 1 (27568), Tel. 46838; www.kunstverein-bremerhaven.de; Öffnungszeiten: Di – Fr 10 – 18 Uhr, Sa / So 11 – 17 Uhr.
Museum der 50er Jahre, Amerikaring 9 (27580), Tel. 83305, www.museum-der-50er-jahre.de; Öffnungszeiten: So 11 – 17 Uhr; Nov. – März Winterpause.
Museumsschiff FMS »Gera«, Schaufenster Fischereihafen, Fischkai, Tel: 308160, www.museumsschiff-gera.de; Öffnungszeiten: April – Okt. täglich 11 – 18 Uhr.
Deutsches Schifffahrtsmuseum, Hans-Scharoun-Platz 1 (27568), Tel. 482070, www.dsm.museum.de; Öffnungszeiten: täglich 10 – 18 Uhr, Wintersaison (15.11. – 14.3.) Di – So 10 – 18 Uhr; Museumsschiffe nur in der Sommersaison (6.4. – 14.10.) täglich 10 – 17.45 Uhr.
PHÄNOMENTA Bremerhaven, Schaufenster Fischereihafen, Hoebelstr. 24 (27572), Tel. 413081, www.phaenomenta-bremerhaven.de; Öffnungszeiten: Mi – Fr 13 – 18 Uhr, Sa / So 10 – 18 Uhr (Einlass bis 17 Uhr).
Technikmuseum U-Boot »Wilhelm Bauer«, Hans-Scharoun-Platz 1 (27568), Tel. 482070, www.dsm.museum, www.u-boot-wilhelm-bauer.de; Öffnungszeiten: März – Nov. täglich 10 – 18 Uhr.
Wilke-Atelier, Am Alten Vorhafen 2 (27568), Tel. 200658, www.wilke-atelier.de.

Museumsbahn
Bahnhofstr. 18, 27624 Bad Bederkesa, Tel. 04745-7169, www.museumsbahn-bremerhaven-bederkesa.de. Die Museumsbahn Bremerhaven-Bederkesa verkehrt – konsequent im Stil

der 50er Jahre gehalten – von Mai bis Oktober an jedem zweiten Sonntag.

Notrufnummern

Ärztlicher / Kinderärztlicher Notfalldienst, Tel. 116117
Feuerwehr, Tel. 112
Giftnotruf, Tel. 030-19240
Notarzt, Tel. 112
Polizei, Tel. 110
Polizeidienststelle Mitte, Tel. 9533331

Parken

Die Städtische Parkgesellschaft Bremerhaven mbH (kurz STÄPARK) bietet Autofahrern im innerstädtischen Bereich über 2700 Parkplätze, darunter Eltern-, Frauen- und Behindertenparkplätze. Geparkt werden kann in den Parkhäusern Columbus-Center Nord und Süd (jeweils 24 Std. geöffnet), im Parkhaus City-Nord, in der Theatergarage und dem Parkhaus Havenwelten. Hinzu kommen einige weitere zentrale öffentliche Parkplätze, wie die Am Alten Hafen oder Barkhausenstraße. Gezahlt werden kann seit Okt. 2019 auch mit der Smartphone-App PARK NOW.

Schaufenster Fischereihafen

An der Packhalle IV, Abt. 12 (27572), Tel. 3010003, www.schaufenster-fischereihafen.de.
Fischkochstudio, Am Schaufenster 6 (27572), Tel. 9323321, www.fischkochstudio.de; aktuelle Termine und Tickets auf der Website.
Tourist-Info Schaufenster Fischereihafen, Am Schaufenster 5, Tel.

80936123, E-Mail: Tourist-Info-SF@ erlebnis-bremerhaven.de. Öffnungszeiten: täglich 9.30 – 17 Uhr.
Fischbahnhof 360°, Am Schaufenster 6, Tel. 932330, www.fischbahnhof360.de.

Schiffsliegeplätze / Marinas

Lloyd Marina, Am Leuchtturm 1 (27568), Tel. 1428690 und 0178-5618340, 200 Liegeplätze, www.im-jaich.de.
Marina Nordsee-Yachting, Am Seedeich 57 (27572), Tel. 77555, 240 Liegeplätze, www.nordsee-yachting.de.
Schiffergilde Bremerhaven e. V., Neuer Hafen / Südkaje, Tel. 1429726, 2 Bootsliegeplätze für Traditionsschiffe, www.schiffergilde.de.
Wassersportverein Wulsdorf e. V., Am Luneort 29 (73268), Tel. 73268, 150 Bootsliegeplätze, Gastliegeplätze auf Anfrage, www.wvw-bremerhaven.de.
Weser Yacht Club Bremerhaven e. V., Borriesstr. 52a (27570), Tel. 23531, 150 Bootsliegeplätze, 20 Gastliegeplätze, www.weser-yacht-club.de.

Taxi

Taxi Lloyd, Tel. 40004
Nordsee Taxen, Tel. 40044

Theater

Capitol, Hafenstr. 156 (27576), Tel. 9223543, www.arbeitnehmerkammer.de; Aufführungen aus den Bereichen Kabarett, Satire und Kleinkunst, organisiert von der Arbeitnehmerkammer.

Figurentheater Bremerhaven, An der Packhalle V, Abteilung 10 (27572), Tel. 417584, www.figurentheater-bremerhaven.de.

JUB! – Junges Theater Bremerhaven, Columbusstr. 2 / Elbinger Platz (27570), Tel. 48206269, www.stadttheaterbremerhaven.de/junges-theater/; JUB! gehört zum Stadttheater Bremerhaven und liefert mit vier Premieren pro Spielzeit ein umfangreiches Programm für Kids und Teens.

Kulturzentrum Pferdestall, Gartenstr. 5–7 (27568), Tel. 43333, www.pferdestall-bremerhaven.com; Theater, Musik und Literatur in den Stallungen einer ehemaligen Spedition.

piccolo teatro Haventheater, Bürgermeister-Smidt-Str. 200 (27568), Tel. 41830671 und 0172-2146597, www.haventheater.de.

Stadttheater Bremerhaven, Theodor-Heuss-Platz 1 (27568), Theaterkasse Tel. 49001, www.stadttheaterbremerhaven.de.

Theaterzentrale, Tel. 482060.

TiF Theater im Fischereihafen, Am Schaufenster 6 (27572), Tel. 9313136 (Büro), Ticket-Tel. 9323344, www.tif-bremerhaven.de.

Traditionsschiffe

Zahlreiche Traditionsschiffe im Neuen Hafen können nach Absprache besichtigt werden, darunter:

Dampfeisbrecher »Wal«, Barkasse MS »Quarantäne«, Infos bei der Schiffahrts-Compagnie Bremerhaven e. V., Barkhausenstr. 4 (27568), Tel. 9269110, www.schiffahrts-compagnie.de.

Hansekogge »Ubena von Bremen«, Infos bei der Hanse-Kogge-Werft e. V., Alter Fährweg 8 (27568), Tel. 46846, www.hanse-koggewerft.de

Hochseekutter HF 244 »Astarte«, »Börteboot No. 3«, Dampfer »Welle« und Gläserne Werft, Infos bei der Schiffergilde Bremerhaven e. V., Barkhausenstr. 4 (27568), Tel. 1429726, www.schiffergilde.de.

MS »Grönland«, einmastiges Segelschiff aus dem Jahr 1867 und ältestes deutsches Polarforschungsschiff. Die MS »Grönland« liegt zur Zeit zur Sanierung in einer dänischen Werft, wird aber voraussichtlich ab 2024 wieder im Museumshafen zu bestaunen sein. Infos beim Deutschen Schifffahrtsmuseum, Hans-Scharoun-Platz 1 (27568), Tel. 482070, www.dsm.museum.

Wandern

Für Wanderer, Fahrradfahrer und Jogger bietet sich der **Geestewanderweg** an. Die etwa 12 km lange, ebene Route beginnt im Herzen der Stadt in der Deichstraße an der Hochschule Bremerhaven und führt – beinahe durchgehend an der Geeste entlang flussaufwärts – bis zur Schiffdorfer Schleuse. Infos, GPS-Trackingdaten und Routenverlauf unter www.bremerhaven.de.

Zoo

Zoo am Meer Bremerhaven, H.-H.-Meier-Str. 7 (27568), Tel. 308410, www.zoo-am-meer-bremerhaven.de; Öffnungszeiten: April – Sept. 9 – 19 Uhr; März / Okt. 9 – 18 Uhr; Nov. – Feb. 9 – 16.30 Uhr.
Die täglichen Fütterungszeiten (u.a. Pinguine, Seehunde und Seelöwen) sind auf einer Tafel am Eingang angeschlagen.

Register

Die Deutsche Bibliothek verzeichnet diese Publikation in der Deutschen Nationalbibliografie; detaillierte bibliografische Daten sind im Internet unter www.dnb.de abrufbar.

Bildnachweis:
Alfred-Wegener-Institut: 19, 50 (Lars Grübner); Deutscher Schulschiff-Verein e. V.: 22/23; Deutsches Auswandererhaus: 25 (Werner Huthmacher); Christoph Droste/pixelio: 18; Eisbären Bremerhaven: 77; Erlebnis Bremerhaven: 32 o. (Laurence Delderfield), 40 (Tobias Wulf), 57 (Helmut Gross), 64 u., 69, 70 u., 93 (Talika Tienken); Fischtown Pinguins: 76; Wim Frankenstein: 2, 4/5, 26, 28, 29, 36, 38, 39 o., 45, 60, 70 o., 74/75, Günter Franz: 35 o.; Jens Hagens: 30/31; Historisches Museum Bremerhaven: 47/48; Jens Reiche: 81; Verlagsarchiv: 10/11, 12, 13, 14, 15, 16, 17, 39 u., 46, 52 o., 59, 65–67; Wikipedia: 78/79; alle übrigen Fotos: Torsten Krüger.

Umschlagrückseite: Deutsches Auswandererhaus (Kay Riechers), Torsten Krüger
Titelabbildung: Torsten Krüger
Kartografie: Edition Temmen

Autor und Verlag danken dem Alfred Wegener-Institut, den Eisbären Bremerhaven und den Fischtown Pinguins für die Bereitstellung der Fotos sowie Christopher Klerings für die Bearbeitung der Karten. Unser ganz besonderer Dank gilt Dörte Behrmann (Erlebnis Bremerhaven – Gesellschaft für Touristik, Marketing und Veranstaltungen mbH) für viele hilfreiche Auskünfte und Korrekturen sowie für die Bereitstellung von Bildmaterial.

Dieser Reiseführer wurde nach bestem Wissen zusammengestellt. Im Sinne des Produkthaftungsgesetzes weisen Autor und Verlag darauf hin, dass inhaltliche Fehler und Änderungen nach Drucklegung dennoch nicht auszuschließen sind. Aus diesem Grund übernehmen Verlag und Autor keine Verantwortung und Haftung, alle Angaben erfolgen ohne Gewähr. Hinweise, Änderungs- und Verbesserungsvorschläge seitens der Leser nimmt der Verlag gerne entgegen.

6. aktualisierte Auflage 2023
© EDITION TEMMEN E.K.
Hohenlohestr. 21 – 28209 Bremen
Tel.: 0421-34843-0
info@edition-temmen.de
www.edition-temmen.de